中华文化风采录

传统建筑艺术

宏大的古城

柳敏夏 编著

北方妇女儿童出版社
·长春·

版权所有　侵权必究

图书在版编目（CIP）数据

宏大的古城 / 柳敏夏编著. 一长春 ：北方妇女儿
童出版社，2017.1
（传统建筑艺术）
ISBN 978-7-5585-0649-9

Ⅰ．①宏… Ⅱ．①柳… Ⅲ．①古城－介绍－中国
Ⅳ．①K928.5

中国版本图书馆CIP数据核字(2016)第311395号

宏大的古城
HONG DA DE GU CHENG

出 版 人	刘　刚
策　　划	书　韬
责任编辑	吴　桐　于佳佳
开　　本	700mm×1000mm　1/16
印　　张	6
字　　数	48千字
印　　刷	北京荣华世纪印刷有限公司
版　　次	2017年4月第1版
印　　次	2017年4月第1次印刷

出　　版	北方妇女儿童出版社
发　　行	北方妇女儿童出版社
地　　址	长春市人民大街4646号
	邮　编：130021
电　　话	总编办：0431-85644803
	发行科：0431-85640624

定　　价	19.80元

习近平总书记说："提高国家文化软实力，要努力展示中华文化独特魅力。在5000多年文明发展进程中，中华民族创造了博大精深的灿烂文化，要使中华民族最基本的文化基因与当代文化相适应，与现代社会相协调，以人们喜闻乐见、具有广泛参与性的方式推广开来，把跨越时空、超越国度、富有永恒魅力、具有当代价值的文化精神弘扬起来，把继承传统优秀文化又弘扬时代精神、立足本国又面向世界的当代中国文化创新成果传播出去。"

为此，党和政府十分重视优秀的先进的文化建设，特别是随着经济的腾飞，提出了中国文化复兴的伟大号召。当然，要实现中华文化伟大复兴，首先要站在传统文化前沿，薪火相传，一脉相承，弘扬和发展五千多年来优秀的、光明的、先进的、科学的、文明的和自豪的文化，融合古今中外一切文化精华，构建具有中国特色的现代民族文化，向世界和未来展示中华民族具有独特魅力的文化风采。

中华文化就是居住在中国地域内的中华民族及其祖先所创造的、为中华民族世世代代所继承发展的、具有鲜明民族特色而内涵博大精深的传统优良文化，历史十分悠久，流传非常广泛，在世界上拥有巨大的影响，是世界上唯一绵延不绝而从没中断的古老文化，并始终充满了生机与活力。

浩浩历史长河，熊熊文明薪火，中华文化源远流长，滚滚黄河、滔滔长江是最直接的源头，这两大文化浪涛经过千百年冲刷洗礼和不断交流、融合以及沉淀，最终形成了求同存异、兼收并蓄的辉煌灿烂的中华文明。

中华文化曾是东方文化的摇篮，也是推动整个世界始终发展的动力。早在500年前，中华文化催生了欧洲文艺复兴运动和地理大发现。在200年前，中华文化推动了欧洲启蒙运动和现代思想。中国四大发明先后传到西方，对于促进西方工业社会发展和形成，曾起到了重要作用。中国文化最具博大性和包容性，所以世界各国都已经掀起中国文化热。

中华文化的力量，已经深深熔铸到我们的生命力、创造力和凝聚力中，是我们民族的基因。中华民族的精神，也已深深植根于绵延数千年的优秀文化传统之中，是我们的精神家园。但是，当我们为中华文化而自豪时，也要正视其在近代衰微的历史。相对于五千年的灿烂文化来说，这仅仅是短暂的低潮，是喷薄前的力量积聚。

中国文化博大精深，是中华各族人民5000多年来创造、传承下来的物质文明和精神文明的总和，其内容包罗万象，浩若星汉，具有很强的文化纵深感，蕴含丰富的宝藏。传承和弘扬优秀民族文化传统，保护民族文化遗产，已经受到社会各界重视。这不但对中华民族复兴大业具有深远意义，而且对人类文化多样性保护也是重要贡献。

特别是我国经过伟大的改革开放，已经开始崛起与复兴。但文化是立国之根，大国崛起最终体现在文化的繁荣发达上。特别是当今我国的大国和平崛起之路，必然也是我国文化实现伟大复兴的过程。随着中国文化的软实力增强，能够有力提升我们融入世界的步伐，推动我们为人类进步做出最大贡献。

为此，在有关部门和专家指导下，我们搜集整理了大量古今资料和最新研究成果，特别编撰了本套作品。主要包括传统建筑艺术、千秋圣殿奇观、历来古景风采、古老历史遗产、昔日瑰宝工艺、绝美自然风景、丰富民俗文化、美好生活品质、国粹书画魅力、浩翰经典宝库等，充分显示了中华民族厚重的文化底蕴和强大的民族凝聚力，具有极强的系统性、广博性和规模性。

本套作品全景展现，纵横捭阖，故事讲述，语言通俗，图文并茂，形象直观，古风古雅，格调温馨，具有很强的可读性、欣赏性和知识性，能够让广大读者全面触摸和感受中国文化的内涵与魅力，增强民族自尊心和文化自豪感，并能很好地继承和弘扬中国文化，创造未来中国特色的先进民族文化，引领中华民族走向伟大复兴，在未来世界的舞台上，在中华复兴的绚丽梦乡，展现出具有龙飞凤舞的独特魅力。

物华天宝——平遥古城

西周为抵御侵扰始建古城　002

从清代起曾为金融业中心　011

古城内外的其他古迹名胜　022

高原姑苏——丽江古城

032　木氏先祖始建大叶场新城

041　丽江知府组织兴建土司衙门

047　徐霞客做客古城木府福国寺

苍山洱海——大理古城

明代在羊苴咩城遗址建古城　054

始建于古南诏国的崇圣寺三塔　059

康熙年间始建古城第一门　063

身兼三城——商丘古城

070　黄帝后裔始建华商之都

074　六朝古都演绎的辉煌历史

腹地名城——襄阳古城

见证众多历史战争的古城　082

沧桑古城留下的文物古迹　088

平遥古城

平遥古城位于我国山西省中部，是一座具有2800多年历史的文化名城，是我国境内保存最为完整的古代县城，是我国汉民族城市在明清时期的杰出范例。

平遥旧称"古陶"，始建于公元前827年至公元前782年。明朝初年，为了防御，始建城墙。1703年，筑四面城楼。

平遥是我国清朝晚期的金融中心，并有我国目前保存最完整的古代县城格局，基本保存明清时期县城的原型，有"龟城"之称。

西周为抵御侵扰始建古城

在我国北部的山西省中部，有座保存完整的历史名城，它是我国古代城市的原型，世界遗产委员会曾经这样评价它：

它是中国境内保存最为完整的一座古代县城，是中国汉民族城市在明清时期的杰出范

■秦始皇（前259年～前210年），嬴政，嬴姓赵氏，故又称赵政。我国历史上著名的政治家、改革家、战略家，首位完成我国统一的秦朝开国皇帝，在位37年，被明代思想家李贽誉为"千古一帝"。

山西平遥古城墙

例，在中国历史的发展中，为人们展示了一幅非同寻常的文化、社会、经济及宗教发展的完整画卷。

世界遗产委员会的评价一语道破了这座古城的一个特点，那就是一个"老"字。

那么，这座古城到底叫什么名字呢？它便是旧称"古陶"的平遥古城。据说，平遥古城始建于西周宣王时期，即公元前827年至公元前782年时期。

当时，周宣王为抵御北方游牧民族的侵扰，曾派兵北伐萨犹，并修建了京陵城。京陵城就建在后来平远县城东北的京陵村，"京陵"二字作为地名一直沿用至今。这可以说是平遥建城的开端，也是现存平遥古城的前身。如果从那时算起，至今已有2800年左右的历史了。

春秋时期，平遥隶属晋国，战国时又归属赵国。秦始皇统一中国后，废封国，实行郡县制，置平陶县，属太原郡。汉代时期，平遥属于京陵、中都两县及邬县地区。

到了北魏太武帝时期，为避太武帝拓跋焘的名讳，武帝把将原来的平陶县改为平遥县，并把县治从别处迁到这里。此次迁动后的新址

■ 平遥城楼

就是后来平遥古城的地址，此后，平遥历经多个朝代变迁，但名称都没有发生变化。

隋唐时期，为防御北方突厥族的侵入，作为"表里山河"的军事重镇山西，在战略上具有特殊的重要地位。当时，平遥以一座土夯的城垣，经历过冷兵器时代一场场自卫战争的严酷考验。

到了北宋初年，赵匡胤在战斗中派兵焚烧平遥城。虽经历了一场火灾，平遥城池还是有不少建筑保存下来，并在以后得到了不断发展。

1367年，平遥城墙在旧城基础上开始了扩建。重建后的古城有门6座，东、西各两座，南、北各一座，全部用砖石包墙。

明朝中叶，平遥城市经济的繁荣和人口的增长，促使城市建筑向外扩展。此后，在明朝景德、正德、嘉靖、隆庆和万历年间进行过10多次补修和修葺，更

赵匡胤（927年~976年），宋朝的建立者。960年，建立宋朝，定都开封。在位16年。他在位期间，加强中央集权，提倡文人政治，开创了我国的文治盛世，是一位英明仁慈的皇帝，是推动历史发展的杰出人物。

新城楼，增设敌台。为此，现存平遥古城的城墙一直保持着明清时期的城墙风貌。

据记载，平遥古城最初的城墙是特别低矮的夯土筑就，为了军事防御的需要，经过明、清两代500余年，先后有20余次的包砌整修，便形成现在见到的砖石城墙。

平遥古城有"龟城"之称，意喻长生不老，青春永驻，坚若磐石，金汤永固。气势宏伟的古城墙，全长6千米，城墙素土夯实，外包砖石，墙顶铺砖以排水。墙外筑有又深又宽的护城壕，足以抗拒来犯之敌于墙外。

城墙的城楼修筑于城池的城门顶，古代有时称"谯楼"。平遥城墙的城楼共有6座，造型古朴典

谯楼 是古代城门上建造的用以高望的楼。安庆谯楼初建于1368年，是现存的明代建筑，乾隆年间曾进行扩充，咸丰年间遭焚，但是谯楼独存，存留至今。

物华天宝

平遥古城

■ 平遥古城城楼及大炮

楼橹 守城或攻城用的高台战具。在晋代陆机所著的《洛阳记》中记载，城上每隔100步有一处楼橹，外有沟渠。清代邵长蘅的《青门剩稿》中也有关于楼橹的记载。建安九月，袁绍构筑楼橹，堆土如山，用箭俯射曹营。

■ 山西平遥古城墙

雅，结构端庄稳健。城楼是城墙顶精致美观的高层建筑，平常登高瞭望，战时主将坐镇指挥，是一座城池重要的高空防御设施。

城墙上还建有角楼、城楼、魁星楼、文昌阁和点将台等建筑。城墙的各个城门都建有重门瓮城，均为方形，与城墙同高。

瓮城上建了重檐歇山顶城楼，城门开在侧面，以便在大城、瓮城上从两个方向抵御来攻的敌人。瓮城设内门、外门，平时检查来往的过客，需要时即可关上两座门，形成"瓮中之鳖"之势。城外有护城河环城一周，河上有一座大吊桥。

城墙的角楼建于城墙四角上的楼橹，主要用以弥补守城死角（即城墙拐角处）的防御薄弱环节，从而增强整座城墙的防御能力。角楼分别指西北角的霞叠楼，东北角的栖月楼，西南角的瑞霭楼，东南角的凝秀楼。

点将台位于上东门和下东门之间城墙的顶部，现为砖砌高台。相传，公元前827年周宣王即位后，派大将尹吉甫率兵北伐猃狁，连战连捷，后奉命屯兵今之平遥，增筑城墙，并在此训练士卒，点将练武。

明代中叶，人们为纪念尹吉甫的功绩，在尹吉甫曾经点将阅兵的地方修筑了高真庙。

明清维修城墙时一并将高真庙连成一体，登高远眺，心旷神怡。

■ 平遥古城牌坊

城墙有6道城门，南、北各一道，东、西各两道。这些门还分别有各自的寓意，南门叫迎薰门，是龟首，面向中都河，城外原有两眼水井，喻为龟之双眼，可谓"龟前戏水"。北门叫拱极门，为龟尾，是全城的最低处，城内所有积水均经此流出。

上西门叫永定门，下西门叫凤仪门，上东门叫太和门，此三门形似龟的三腿向前伸，唯有下东门、亲翰门的外城门径直向东而开，传说是古人怕龟爬走，将其后腿向东门拉直，并用绳子绑好，拴在麓台塔上。

环城而行，每隔一段距离，就筑有一个凸出的马面，用于瞭望和侧射火力，是保卫城墙的。城墙脚下是防御的死角。有了马面，就可以弥补这个不足，从三面组成一个立体射击网，城防力量大大加强。

马面 又称敌台、墩台和墙台。在我国冷兵器时代，为了加强城门的防御能力，许多城市设有两道以上的城门，形成"瓮城"，城墙每隔一定距离就凸出矩形墩台，以利防守者从侧面攻击来袭敌人，这种墩台称为敌台的城防设施，俗称为"马面"。

马面上的两层小楼，也称敌楼。据旧志称，明代初年重修平遥城墙时，仅建敌台窝铺40座，隆庆三年增至94座，万历三年，在全城以砖石包城的同时，重修成砖木结构的敌楼72座，后经历代修葺，遗存至今。敌楼平面呈方形，四壁砖砌，硬山顶，筒板瓦覆盖，底层面向城内的一面辟拱券门，楼内设木楼梯，上层置楼板，楼上四面各开拱券窗两孔。

平遥古城城墙上的现存敌楼，是供士兵休息、存放粮食和弹药的场所，也增加了古城的美观。

城墙顶面用砖墁铺满，内筑为保护守城士兵而修建的护墙，名为女儿墙，外筑供士兵打击敌人和眺望敌情所用的垛口。

据说，这象征了同孔子周游列国的三千门徒和七十二贤人。敌楼上还有《孙子兵法》石刻，使得一座壁垒森严的城池显得文雅亲和，透露出一种浓郁的文化气息。

除了这古老的城墙以外，在平遥古城内，还有许多从明代以及明代前流传下来的遗址和遗迹，它们与古城墙共同组成完整的平遥古

■平遥古城敌楼

■ 平遥古城内古县
衙遗迹

城，为平遥古城增添了无穷魅力。

其中，位于古城内的政府街，坐北朝南，平遥县，是我国保存下来最为完整的古县衙之一。

据说，这座古县衙始建于明代。紧接县衙大门的是仪门，也称礼仪之门，是象征封建礼教的建筑物。

县衙内的建筑沿中轴一字排开，依次为衙门、仪门、牌坊、大堂、宅门、二堂、内宅、大仙楼。

东厢和西厢设六房，即吏房、户房、礼房、兵房、刑房、工房。院东自南向北有钟楼、土地祠、赞候庙、粮厅、花厅。院西有申明亭、重狱、女狱、轻狱和公廨房、督捕厅、洪善驿站和阎王殿等建筑群。

衙署大门西侧是申明亭，是有关吏员对民间纠纷进行了解和调解的地方。衙门两边是赋役房，为窑洞厢房，是收取赋役、钱粮的地方。

贤人 就是有才有德的人。行事完全顺应天道、地道、人道客观规律，处理问题能够标本兼治。所说的话能够作为天下人的行为准则。身为平民时有志向、有抱负，希望能够身居高位为人民造福，成为王侯将相时也不积攒财物。这样的人，就称作贤人。

平遥古城内的另一处著名景观是位于古城东侧的城隍庙。此庙初建于明代初年，1544年重修。到了清代康熙、乾隆年间，城隍庙又曾多次修葺补筑。

1859年，城隍庙在庙会期间毁于火灾，1864年才得以续修。

后世保存的城隍庙重要建筑，属清代规制，庙院宏大，布局完整，总占地面积为7302平方米。平遥城隍庙与众不同之处在于城隍庙、财神庙、灶君庙三庙合一。

城隍庙位于整个建筑群的中轴线，坐北朝南，前后四进院落，殿宇高大挺拔，临街山门，殿前戏楼，殿后寝宫，是我国道教庙宇殿堂的典型建筑形式。

城隍庙的牌楼、山门、戏楼、献殿、城隍殿、寝宫层层叠进，游廊、官厅、东西厢房、配殿纵深相连，贯穿为一体，既有寺庙殿堂配置特色，又具有官署建筑的风格，其神学意趣和"前朝后寝"的功能十分明显。

平遥城隍庙是我国国内保存最完整的城隍庙之一，尤其以规模之大、内涵之丰、建筑之精而著称。平遥城隍庙无论从建筑结构还是局部的艺术处理上，均体现了我国古代儒、道两教为主的文化内涵。

阅读链接

在城墙上两边各有一道短堵，叫女儿墙，这来源于一个古老的传说。据说，最早的城墙上是没有女儿墙的。有一次，一个老人被拉来做工，和他相依为命的小孙女也天天随他来到城上，坐在旁边观看。一天，一位累极了的民工昏昏沉沉中竟然走到城墙边上，小女孩儿怕他掉下城去，就用力向里推他，不料用力过大，民工虽得救了，小女孩儿却摔死了。

后来，人们为了纪念小女孩儿，工匠们就在城上修起了矮墙，并把它叫作女儿墙。

从清代起曾为金融业中心

1616年，努尔哈赤建国称汗，国号"金"，史称"后金"。1636年，皇太极称帝，改国号为"清"。

1644年，李自成的大顺军攻占北京，明朝灭亡。驻守山海关的明将吴三桂降清，清摄政王多尔衮指挥清军入关，打败大顺农民军。同年，顺治帝迁都北京，从此，清朝取代明朝，成为全国的统治者。

进入清代，平遥古城迎来了新一轮的发展高潮。据记载，康熙帝西巡时，曾驾临古城。到了清朝末年，慈禧太后和光绪帝在西逃途中，也曾路宿古城。

当然，平遥最辉煌的一页，

■ 努尔哈赤（1559年～1626年），爱新觉罗氏，后金政权的建立者，清朝的奠基人和主要缔造者。他的儿子皇太极称帝后，改国号为"清"，追尊努尔哈赤为太祖。

■ 日昇昌票号

票号 又叫票庄或汇兑庄，是一种专门经营汇兑业务的金融机构，多指山西票号。早在乾隆时期，山西商人资本雄厚，多贩运福建武夷茶，经水陆运销至北京，路程数千里，资本用量大。为了适应营销需要，山西商帮首先创办了账局，经营存放款业务，后来，在账局的基础上形成票号。

它曾是清代晚期我国的金融中心。1824年，我国第一家现代银行的雏形"日昇昌"票号在平遥诞生。它也是我国银行业的开山鼻祖。

当时，在日昇昌票号的带动下，平遥的票号业发展迅猛，鼎盛时期这里的票号竟多达20多家，一度成为我国金融业中心。

也正是因为如此，在现存的平遥古城内，还有众多从明清时期遗留下来的街道商铺、居民建筑等，这些遗址古迹均体现了历史原貌，被称作研究我国古代城市的活样本。

沧桑平遥古城的交通脉络由纵横交错的四大街、八小街、72条蛐蜒巷构成。

南大街为平遥古城的中轴线，北起东、西大街衔接处，南到大东门，以古市楼贯穿南北，街道两旁，老字号与传统名店铺林立。

南大街又称明清街，自古以来就是平遥县最繁华的商业中心，街道两侧的店铺都是具有明清风格的建筑。

明清街中央是山西省省级重点文物保护单位，贯通南北的金井楼，清朝时被冠以平遥县十二景之一。

金井楼的结构为三重檐歇山顶木构架楼阁，筑砖石台基，四角立通天柱，外包砖墙，东、西各有券门一道，四周围廊，柱上施半拱。

金井楼的二层平座回廊，前后隔扇门装修，内施楼板，设神龛，南供关圣大帝，北祀观音大士，另奉魁星，屋顶装天花板，楼顶施彩色琉璃瓦，嵌镶成南喜北寿的精美图案。

金井楼既不是宗教性建筑，也非防卫性建筑，为城内独一无二的楼阁式高层公共建筑。

魁星 是一个汉语词语，也是我国古代星宿名称，还是我国古代传说中的神话人物，主宰文运，在儒士学子心目中，魁星具有至高无上的地位。我国很多地方都建有祭祀魁星的魁星楼，香火鼎盛。此外，魁星还是《聊斋志异》中的一篇小说，在古典名著《三侠五义》中包公是魁星下界。

013

物华天宝

平遥古城

■ 平遥古城市楼

平遥古城票号

　　多少年来，在人们的心目中，金井楼与古城墙成为一个不可分割的整体，成为平遥古城的象征。

　　在明清街，除了这金井楼，还有清代平遥"蔚"字五联号之一的蔚盛长票号，旧址位于平遥县城南大街13号，是县级文物保护单位。

　　蔚盛长票号成立于1826年，由原设于平遥城内的绸缎庄改组而成，总号设在平遥城内。财东是介休北贾村的侯荫昌和平遥普洞村王培南及几户小股东，经理为汾阳人郭存祀。1900年，慈禧太后携光绪皇帝西行路过平遥时，因提取醇亲王汇来的银两而下榻蔚盛长票号。1912年，经理雷士纬求到了书画篆刻大师吴昌硕先生的墨宝"光绪行宫"4个字，为此，此处又名"光绪皇帝下榻处"或"光绪客栈"。

　　在蔚盛长博物馆的北厢房，墙上有一幅由四小一幅画为一组的画，这便是明清著名书法家傅山的"梅兰竹菊"四君子指头画。

　　蔚盛长博物馆的正厅，院子高低与台阶一级比一级高，这代表着步步高的意思，也就是说院子的高低与身份的高低是成正比的。

　　正厅便是当时掌柜所住的地方，在厅中央，有一块蓝色的匾，上面写着"乾健伸贞"4个大字。据说，这块匾是当时票号掌柜过六十大寿之时，他的好友赠予他的。

进入正厅之后，首先映入眼帘的是"百葫芦宝床"。此床是此馆珍品之一，采用浮雕和镂空两种工艺，上面雕有100个葫芦，象征多子多福之意，可以看到床的两边还有两个"寿"字，一多子多福多寿。下边的床板上还雕有九头狮子在嬉绣球。这幅雕刻画代表着狮子滚绣球，好日子在后头。

在百福阁的二楼，还存放着一尊古老的佛像，这是佛祖释迦牟尼。古代生意人信佛，像此票号的历任掌柜便都是信佛之人，放置佛祖塑像在此，是乞求财源滚滚之意。

位于古城明清街南口，坐西朝东，建筑保护非常完好的一座三进院落，是清代主要票号之一的百川通

指头画 又称指画、指墨，以手代笔，蘸墨作画，是我国传统绘画中的一种特殊的画法。即以画家的手指代替传统工具中的毛笔蘸墨作画，别有一种特殊趣味和技巧。清代高其佩、近代潘天寿和洪世清所作指画作品影响较大。

■ 平遥古城民宅内的古典实木家具

常物

■ 平遥古城票号建筑

票号旧址。

此票号是明清街店铺、民居建筑中保存最完好、最高的店面，也是古城内最早开发的景点之一，票号财东的祁县城内的渠源浻，经营期间在全国各地设立近多处分号，其旧址已辟为"三晋大财东家私博物馆"。

博物馆由外及里，分三进院落，每个院落依次增高，隐示着"步步登高"的吉祥之意。

穿过门厅，院内南面耳房为住房用品陈列。对面是当时接待重要宾客的大烟房，在中院南厢的原账房内，现设有百川通的全模型，北厢房是当时的银窖。

中院正厅原为会客所在，仍以旧时模样儿摆设。里间是票号的客房，现设有清代紫檀三面浮雕罗汉床图案，木雕工艺十分考究。

客厅和楼上的阁楼组成整座院落的主楼。楼檐

三晋 古称唐国，自古为晋南承东启西之咽喉要地。西周周成王封叔虞于此，后曾改称晋。三晋历经两千多年，其文化源远流长，实现了北方文化与中原文化的融合，对继承和发展中华民族文化做出了巨大历史贡献。

橡头用油漆彩绘画成铜钱图案，并依次写有"一本万利、二人同心、三元及第、四季平安、五谷丰登、六合同春、七子团圆、八仙上寿、九世同居、十全富贵"，可谓民俗意趣浓厚。

票号后院由佛堂、小姐闺房、家眷会客厅及正屋的家堂组成，陈列品主要有明代所塑的文殊菩萨，各种古旧座椅，如禅椅、小姐椅、太师椅、文椅、圈椅、交椅、四出头官帽椅等，这些陈列，体现了封建社会的等级差别和礼仪程序。

在古城的明清街内，除了几个著名的票号之外，还有很多有名的镖局。从狭义角度来讲，镖局就是为一些商家或个人提供安全保障的专门机构。

平遥古城内的镖局兴起于清代末年，当时，镖局的主要业务就是为票号押送银镖，这就形成了镖局走镖的两大镖系，即银镖和票镖。

银镖 指押送黄金白银等作为货币形式存在的物质的镖。最初是商人委托镖局捎回银两，后发展到商人之间的银子由镖局押送，最后官方饷银也由镖局押送。到清末，大宗款项都委托给镖局解运，后来有了票号之后，就由票号代为拨兑。

■ 平遥古城内的平遥镖局

■ 平遥票号正堂

张黑五 山西人，镖师鼻祖。此人面黑，兄弟排行第五，因武功盖世，威名远播，人称"神拳无敌"张黑五。从乾隆年间，张黑五是乾隆皇帝的一位武术师傅，他在乾隆皇帝的说服下，成立了被朝廷肯定的第一个镖局——兴隆镖局。这就是我国最早的镖局。

在清朝末期，随着票号的逐渐衰败，镖局的主要业务对象，转化成为一些有钱的客人押送衣物首饰和保障人身安全，这就形成了粮镖、物镖、人身镖三大镖系。

山西人在外经商的特别多，这就给山西人创办镖局提供了一定条件。我国第一家镖局，是由"神拳无敌"张黑五在北京顺天府门外创办的兴隆镖局，后来，平遥县的王正清创办了同兴公镖局。

平遥比较有名的镖局当数同兴公镖局、中国镖局和华北第一镖局。

其中，同兴公镖局是由平遥南良庄人王正清于1855年创办的。当时的王正清是一位名扬京城、威震全国的武术大师，其子王树茂尽得其真传，且有青出于蓝之势。因此，同兴公镖局创立之始，就在当时全国的著名镖局中享有较大声誉。

平遥古城内现存的同兴公镖局的展馆为明代建筑，全面、系统地介绍了清代咸丰直至民国初年同兴公镖局创办、发展以及歇业的全过程，讲述了镖局方面的知识。

平遥的中国镖局是明末清初镖局的旧址。这个镖局展出的古迹文物，向人们提供了一些实物资料，主要介绍中国的镖局发展史以及在明清时期我国有名的十大镖局、十大镖师和走镖过程中的逸事趣闻，尤其是研究形意拳、长拳、套路等武术门派的发展。

平遥的华北第一镖局，于1849年开局，历经整整64年，从没有失过一趟镖。到了清代末年，华北第一镖局同其他镖局一样，也面临衰败的局面。1913年，创造过许多成功奇迹，取得过无数辉煌的华北第一镖局正式闭局。

平遥古城的明清街，街道并不宽，在每个体面门庭的花岗岩门槛儿上，都有两道很深的车辙印痕，可以想见当年街道上车水马龙的热闹情景。

古城的"干"字街，是由东大街、西大街、南大街、城隍庙街、衙门街组成的。其中，西大街西起下西门，东和南大街北端相交，与东大街呈一条笔直贯通的主街。我国古代各式银行的"乡下祖父"日

山西平遥古城

昇升票号就诞生在此街。

日升昌票号创建于1824年，遗址占地2000多平方米。此建筑群用地紧凑，功能分明。作为晋商文化的杰出代表，日升昌票号的建筑风格和规模都是典型，但又有其特殊性。它采用三进式穿堂楼院，既体现了晋中民居的传统特色，又吸收了晋中商铺的风格，达到了建筑艺术和使用功能的和谐统一。

日升昌票号院落分为三进。前院为营业大厅，中院为内部的办公机构，后院属生活区。

这座院落是当年平遥控制全国各家分号的中心枢纽，这里作为总号要起发布指令的作用，而各分号在它的指挥下，把源源不断的钱财赚取回来，汇集于此。

在古城内西大街，除了日昇昌票号外，还有宝丰隆票号、厚德恒钱庄以及永泉当、永玉当等著名当铺，这些店铺经过一二百年的风风雨雨，处处已显出苍老，但风骨犹在，竟然没有太多的破旧感和潦倒感。

在古城内的八小街和72条蚰蜒巷，名称各有由来。有的得名于附近的建筑或醒目标志，如衙门街、书院街、校场巷等；有的得名于祠庙，如文庙街、城隍庙街、罗汉庙街等；有的得名于当地的大户，如赵举人街、雷家院街、宋梦槐巷等。

古城东北角有一座相对封闭的城中之城，类似于古代城市中的坊，附近的4条街道也就被命名为东壁景堡、中壁景堡、西壁景堡和堡外街。还有一些街巷则已经无法探究名称来历了，例如仁义街、甜水巷、豆芽街、葫芦肚巷等。

平遥古城内的民居建筑，以砖墙瓦顶的木结构四合院为主，布局严谨，左右对称，尊卑有序。大家族则修建二进、三进院落甚至更大的院群，院落之间多用装饰华丽的垂花门分隔。民居院内大多装饰精美，进门通常建有砖雕照壁，檐下梁枋有木雕雀替，柱础、门柱、石鼓多用石雕装饰。

民间有句俗语——"平遥古城十大怪"，其中一条是"房子半边盖"。平遥民居之所以大多为单坡内落水，流传最广的说法称为"四水归堂"或"肥水不流外人田"。

山西处干旱，且风沙较大之地，将房屋建成单坡，能增加房屋临街外墙的高度，而临街又不开窗户，则能够有效地抵御风沙和提高安全系数。院内紧凑的布局则显示对外排斥、对内凝聚的民族性格。

阅读链接

关于票号"日升昌"这三个字的来源，还有着一段美丽而神奇的传说。

一天晚上，日升昌票号的创始人雷履泰做了一个奇怪的梦。他梦见木器厂内着了大火，但当他赶到木器厂前时，这里竟是一座金碧辉煌的天堂大院。忽然，天上开了一座大门，天界众仙飘飘然向西而去。到了头顶，众神仙都频频招手，约他同去。于是，雷履泰就觉得自己身如飘带，冉冉登上仙界。

雷履泰醒来后，受到此梦的启发，便将自己新成立的票号取名为"日升昌"票号。

古城内外的其他古迹名胜

　　平遥古城从始创至今，已有2800多年的历史。迄今为止，它仍较为完好地保留着明、清时期县城的基本风貌，堪称我国汉民族地区现存最为完整的古城。

　　悠久的历史，积淀了古城厚重的文化底蕴，使这座千年古城成为

平遥古城内的大院台阶

■ 平遥古城双林寺内的千手观音

丰富历史文化的坚实载体，为后人留下了丰富的历史文化遗产。

平遥古城包括三个部分：一是以古城墙为界向外延伸保护范围之内的整个老城区；二是县城西南的双林寺；三是县城东北的镇国寺。三个部分同为一体，统称为平遥古城。

这里提到的双林寺位于山西省平遥县西南的桥头村。双林寺原名"中都寺"，其地本为中都故城所在，因之得名。

中都寺创建年代很早，因古文献记载失详，难以确考。寺中现存最古之碑为1011年始立的"姑姑之碑"。年代久远，字迹模糊，第二十行"重修寺于武平二年"尚可辨认。

"武平二年"是北齐年号。既是重修，其创建年

北齐（550年~577年），是我国南北朝时的北方王朝之一。550年由文宣帝高洋取代东魏建立，国号齐，建元天保，建都邺，史称北齐。历经文宣帝高洋、废帝高殷、孝昭帝高演、武成帝高湛、后主高纬、幼主高恒，共六帝。577年被北周消灭。

垛口 城墙上呈凹凸形的短墙。其构造是，从墙上地坪开始砌起至人体胸部高度时，再开始砌筑垛口。垛口上部砌有瞭望洞。瞭望洞下部砌有一个小方洞，是张弓发箭的射孔。射孔底面向下倾，便于向城下射击敌人。

■ 平遥古城内的龙门牌坊

代必早于此。这样说来，即使从北齐算起，中都寺至今也已历经1400多个春秋了。

从碑文的描述中可以知道，当时的中都寺为一方胜境，庙貌雄伟，香火隆盛，游人不绝，曾建有"七重楼阁，高可望省"，可惜毁于火灾，原阁础石至今犹存，直径一米有余，足证其规模之大。约至宋代，中都寺改名双林寺。

宋代以后，寺中曾住有尼姑，故有"姑姑之碑"及"贞义祠"等遗迹，盖与纪念尼姑有关。

双林寺建筑，历遭100多年的风雨兵灾之患，庙貌渐倾圮，虽然历代皆有修葺，但是到元代末年，已到了"殿楹损坏，厅廊倾颓"的地步。

因此，明代景泰、天顺、弘治、正德、隆庆年间以及清代道光、宣统年间都曾大规模地重建或重修，现存庙宇全是明代和清代建筑。

平遥古城内的敬一亭

平遥古城现存的双林寺呈坐北朝南之势，寺庙围墙仿城墙之样，上置垛口，内为夯土，外砌砖墙，为明代所建。

寺院东为禅院、经房。西为庙群，由风格迥异的10座殿堂组成，前后三进院落。唐槐、宋碑、明钟、壁画交相辉映，构成一方胜境。1500多尊作品全部由木胎泥塑而成，它们继承了我国唐、宋、金、元各朝彩塑的优良传统，是我国明塑中的佼佼者，被专家誉为"东方彩塑艺术宝库"。

双林寺的寺院由10座殿堂组成，分前、中、后三进院落。前院为天王殿、释迦殿、罗汉殿、武圣殿、土地殿、阎罗殿，中院为大雄宝殿、千佛殿、菩萨殿，后院为娘娘殿、贞义祠。

各殿内共保存了宋、元、明、清历代的两千多尊佛、菩萨、天王、金刚、罗汉、力士、供养人、珍禽

彩塑 以黏土加上纤维物、河沙、水，糅合成的胶泥为材质，在木制的骨架上进行形体塑造，阴干后填缝、打磨，再着色描绘的作品。由摆放位置与使用范围可分四类，即石窟彩塑、庙宇彩塑、陵墓彩塑、民俗彩塑。

异兽、山水花木等彩塑。色彩艳丽，造型生动。此外，寺中的唐槐、宋碑、明钟以及古建、壁画都十分珍贵。

平遥古城的镇国寺创建于唐末五代的北汉时期，原名京城寺，自明代嘉靖年间易名为镇国寺。

镇国寺整座寺院坐北朝南，两进院落，中轴线上有天王殿、万佛殿、三佛楼，天王殿两侧配有钟楼和鼓楼。一进院东西廊有碑亭、三灵侯、二郎殿、财福神和土地各殿。二进院东西有观音殿、地藏殿等。

处于寺庙最前端的天王殿是元代建筑。进入殿内，可参谒佛国护法神将四大天王。四大天王很受民间"欢迎"，因为它们代表"风、调、雨、顺"，象征着"五谷丰登，天下太平"。

出了天王殿，钟楼、鼓楼相互对峙，钟楼上有金代皇统五年铸造的铁钟一口，形制古雅，工艺别致，而且钟声洪亮。据说，在当年没有汽车、火车的远古时代，镇国寺的钟声能传到平遥城内，因此，这口古钟算得上是一件珍稀之物了。

万佛殿位于天王殿之后，它是我国现存最古老的木结构建筑之一，堪称"千年瑰宝"。

这座殿宇造型独特，平面近似正方形，屋顶庞大，出据深远，但是由于屋角反翘，使沉重庞大的屋

■ 平遥古城的贤侯堂

026

宏大的古城

北汉（951年~979年），是五代十国时期的十国之一。一称东汉，刘崇所建。都城为晋阳，称太原府。盛时疆域有十二州，约为今山西省中部和北部。共历经四主。

四大天王 原本是佛教中四位护法天神的合称，俗称"四大金刚"，亦称"护世四天王"，他们分别是东方持国天王、南方增长天王、西方广目天王和北方多闻天王。

顶呈现出轻巧活泼的建筑艺术形象，整个外观给人一种雄伟壮观、气势非凡的感觉，充分显示了我国古代建筑家在建筑科学方面的非凡技能。

在万佛殿内，共有彩塑11尊。中央是佛坛，主供形体高大的释迦牟尼佛像，此像坐在须弥座上，表现出安逸慈祥、和颜悦目的神态。旁边站立的是迦叶和阿南尊者。大殿左、右两边分别供奉的是两尊菩萨和供养菩萨。

在菩萨的前面是两天王和两供养童子。这几尊塑像是宗教神化的偶像，却是按照当时社会的等级制度，加以形象塑造的。这些塑像是我国寺庙中现存的五代时期的唯一作品，堪称"稀世珍品"，在我国雕塑史上占有重要的一页。

镇国寺内的第三大殿是三佛楼，此楼创建于明代，殿内主像有3尊，分别是法自佛、报自佛、应自佛。这些佛像自然大方，造型优美。

供养菩萨 实际上是指为佛陀和宣扬佛法服务的菩萨。常画在佛座下面或胁侍菩萨、佛弟子的两边。姿势有站、有坐、有蹲、有跪，形象众多。如奏乐菩萨、跪拜菩萨、持经菩萨、赴会菩萨、思维菩萨、禅定菩萨等都可以说是供养菩萨。

物华天宝

平遥古城

■ 平遥古城内的文物马车

宏大的古城

■ 平遥古城的寺院佛像

阎王 全称阎罗王，又叫"阎摩罗王""阎魔王"等，汉译为"缚"、捆绑、捉拿有罪过之人。阎王的职责是统领阴间的诸神，审判人生前的行为并给予相应的惩罚。在佛教中，阎王信仰有各自不同但互相联系的说法，如"平等王""双王"等等。

在大殿的左、右墙壁上，有一组精美的壁画，画的是释迦牟尼的生平八相图，集山水花鸟、人物于一体，描绘了释迦牟尼的一生。

位于后院西侧的地藏殿，俗称阎王殿，建于明代，主像为地藏王菩萨，四周为十殿阎王，6位判官、牛头、马面立于地上，这些塑像有的怒不可遏，有的文质彬彬，有的慈祥和蔼。

在地藏殿的四壁，有壁画，这些壁画集绘画、书法于一体，描述了不善之徒受刑制裁的场面，其惨状目不忍睹。这些情节表现的是惩恶扬善的哲理，但在封建社会里，劳动人民处在社会的最下层，有冤无处申，有苦无处诉，只有把希望寄托在来世，正如这壁画旁的一副对联所写：

阳世奸雄欺天害理由直汝

阴司报应古往今来放过谁

这副对联强烈地表现了惩恶扬善的愿望和人生的哲理。

除了这些殿堂之外，在镇国寺内，还保存着历代石碑20余通，其中最值得一提的是"半截碑"。由于该碑上下左右都有残缺，所以名为半截碑，以残碑的宽厚度估量，原碑非常高大。

此碑内容与镇国寺无关，原来在镇国寺竣工时，在寺的附近捡回这块碑，人们本想将它作为碑座，结果发现碑上的书法甚佳，秀润苍劲，当时没舍得毁掉，才得以幸存下来。经考证，这块碑是北汉建立者刘崇之孙刘继钦的墓志铭碑，文物价值相当高。

另外，在镇国寺内还有一棵名为龙槐的古老槐树，据清代嘉庆的《龙槐记》碑中记载，这棵古树从有此庙时便栽在这里，距今已有1000多年的历史了。

此树长得高不盈丈，树身已满是裂缝，弯弯曲

刘崇（895年~954年），刘旻，沙陀人，原名刘崇，五代时期北汉建立者，为后汉高祖刘知远之弟。年轻时喜欢饮酒赌博，曾经在脸上刺青从军。刘知远任河东节度使时，刘崇担任都指挥使。刘知远建后汉以后，刘崇任太原尹。

■平遥古城的武馆

平遥古城内的镖局武器

曲，枝干错综盘结，无头无尾，看上去张牙舞爪，腾云驾雾，也是寺内的一大奇观。

漫步寺内，除了深厚的文化气息和浓厚的古香气息外，还可领略到淡淡的月季香味儿。园中各色花卉品种齐全，争奇斗艳，给整座千年古寺增添了一片温馨。

镇国寺、双林寺和平遥古城的古城墙合称平遥古城的"三宝"，后来，被列入《世界文化遗产名录》。

阅读链接

在双林寺东北隅有一座小祠堂，名曰贞义祠。祠中有两尊塑像，一尊是躺在床上双目紧闭的少女，人称睡姑姑，一尊是旁边坐着骨瘦如柴的老妇，人称药婆婆。关于她们的来历，还有一个古老的传说。

很久以前，平遥桥头村有一户有钱人，家有一女。女子16岁时，父母先后去世。女子因太想念父母，便天天到父母生前常去的双林寺烧香，又把家中所有的钱都捐给寺院。

几年以后，女子也得了重病，但有一位不曾相识的老妇不辞劳苦地侍奉她，直到女子去世。女子去世以后，这位老妇也陪她坐化。

后来，人们为了纪念二人，便在双林寺的东北隅修了一座单间小祠堂，里面有她们的塑像。

丽江古城

　　丽江古城又名大研古城，位于云南丽江，这里景色秀美，建筑古朴，历来就有"东方威尼斯""高原姑苏"等美誉。作为一座著名的古城，丽江古城的一个突出特点就是历史悠久。古城的存在已经有800多年，这漫长的历史给古城带来了浓厚的历史感。

　　丽江古城是一座具有较高综合价值和整体价值的历史文化名城，1997年，世界遗产委员会把丽江古城列入《世界遗产名录》，从此古城享誉世界。

木氏先祖始建大叶场新城

　　坐落在我国西南部云南省丽江市玉龙雪山下的丽江坝中部，北依象山、金虹山，西枕狮子山，东南面临数十里的良田沃野之处，有一座完全由手工建造的木土结构房屋组成的古老城市。

■ 云南丽江古城远景

和我国的其他古城相比，这座古城的最大特点是没有城墙。

■ 丽江古城木府的忠义牌坊

据说，在很久以前的战国时期，这座古城隶属于秦国的蜀郡，这里当时是一片沼泽地。到了南北朝时期，我国56个民族之一的纳西族先民迁徙至此，古城一带开始兴盛起来。

不过，这座古城真正始建时间是在宋末元初。当时，纳西族的一位姓木的土司，将其统治中心从古城北的白沙镇，移到狮子山麓，开始营造房屋城邑。

由于这位古城的始创者姓木，如果在这座古城外再修建城墙，"木"字加框便成"困"，这是很不吉利的事，于是，在修建这座古城时，木氏土司便故意不筑城墙。

又因为这木氏土司的先祖属于古代纳西族束、叶、梅、禾四大支系中的"叶"系，所以此座古城修建好后，木氏土司为新城取名"大叶场"，这便是后来的云南丽江古城。

茶马古道 指存在于我国西南地区，以马帮为主要交通工具的民间国际商贸通道，是我国西南民族经济、文化交流的走廊。茶马古道是一个非常特殊的地域称谓，源于古代西南边疆和西北边疆的茶马互市，兴于唐宋，盛于明清。

■ 丽江古城内的木质建筑

土司 元、明、清各代在少数民族地区授予其首领世袭官职,以统治该族人民的制度。有广义与狭义之分。广义的土司既指少数民族地区土人在其势力范围内独立建造且被国家法律允许的治所,又指世代享有特权的土官。狭义的土司专指土官。

这座古城修成后,很快成为我国南丝绸之路及茶马古道上的重要集市。随着来这里做生意的人越来越多,这里逐渐成为历代滇西北的政治、军事重镇和纳西族、汉族、藏族等各民族经济、文化交往的枢纽城市。

1253年,元世祖忽必烈南征大理,用革囊渡金沙江,来到大叶场,一部分兵营就驻于古城的大石桥一带,后来,大叶场的纳西族人就把这一带称为"阿营畅",意思也就是"元军驻扎的村落"。

后来,蒙古军在大叶场设三赕管民官。到1271年,古城地名改称丽江宣慰司,从此,"丽江"二字作为"大叶场"的地名历史由此开始,后来人们也称此古城为丽江古城。

丽江古城又名大研古城,纳西语称为"依古芝",意思是金沙江江湾中的集镇,又叫"巩本芝",意思是仓库集镇。由这些字面意思可知,这座古城是以经济交往为主而发展起来的。

在我国古代,城建的方法是先行开河,然后依河水的来龙去脉进行城建规划,布街辟路。这座丽江古城的城建方法也是继承传统的古城建规划法的经验而修建的,所以它也是我国古代城建方法的活化石。

据说,现存丽江古城的建筑格局完全是保留初建时的样子，整座古城依山势而建，选址独具特色，布局上充分利用了自然环境优势。西靠狮子山，北依象山、金虹山，南向开阔平坝，形成了坐靠西北面向东南的整体格局，既避西北寒风，又向东南光源。这样，使得古城冬暖夏凉，气候宜人。

丽江古城在街道布局上也独具特色。它无森严的城墙，无十字相交的道路，街道顺水流而设，以红色角砾岩铺就，雨季不泥泞，旱季不飞灰，石上花纹图案自然雅致，质感细腻，与整个城市环境相得益彰。

其中，四方街是丽江古街的代表，位于古城的核心位置，被称为古城的中心广场。这里不仅是古城的中心，也是滇西北地区的集贸和商业中心。

四方街的形状很像方形的知府大印，一些人说是当年的木氏土司是按其印玺形状而建的，当时的土司取名四方街，取"权镇四方"之意。也有人说是因为这里的道路四通八达，是四面八方的人流、物流集散地，所以叫四方街。

四方街是丽江古城的心脏。从四方街四角延伸出四大主街：光义街，七一街，五一街，新华街。又从四大主街岔出众多街巷，如蛛网交错，四通八达，从而形成以四方街为中心、沿街逐层外延的缜密而又开放的格局。

四方街西侧的制高点是科贡

印玺 印章。古代多作封发物件，把印盖于封泥之上，作为信验。秦汉以后多称帝王之印为玺。古代的印玺是我国文物宝库中的重要内容之一，其收藏、鉴别、研究对我国文字的产生、发展有重要作用。古代印玺包括鸟篆、大篆、小篆等各种字体。

■ 丽江古城的小巷

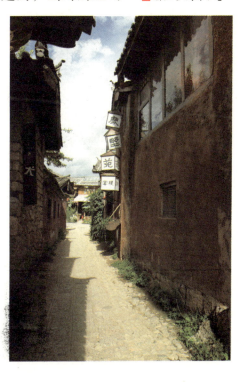

坊，为风格独特的三层门楼。西有西河，东为中河。西河上设有活动闸门，可利用西河与中河的高差冲洗街面。

除了街道布局，丽江古城的民居建筑群也非常有名，它们是纳西族建筑艺术和建筑风格的集中体现。这些民间建筑群体在纳西族原始的井干式木楞房形式的基础上吸收、融汇了汉族、白族、藏族等民族建筑的一些优点而形成，在布局形式、建筑艺术等方面都有鲜明的地方特色与民族风格。

古城民居建筑是两层木结构楼房，也有少数三层楼房，为穿斗式构架、垒土坯墙、瓦屋顶，设有外廊。根据构架形式及外廊不同，可分为平房、明楼、雨步厦、骑度楼、蛮楼、闷楼、雨面厦等七大类。

布局形式有三坊一照壁、四合五天井、四合头、两坊拐角、前后院、一进两院、四合院、多进套院、多院组合等类型。

其中，三坊一照壁是丽江纳西族民居中最基本和最常见的民居形式。在结构上，一般正房一坊较高，方向朝南，面对照壁，这里主要供老人居住。三坊一照壁的东、西厢房略低，由晚辈居住。

四合五天井与三坊一照壁的不同点在于去掉了正房面对的照壁而代之以三间下房的一坊，围成一个封闭的四合院，同时在下房两侧又增加了两个漏角小天井，故名为四合五天井。

古城民居中的四合头与四合五天井一样，由正房、左右厢房四坊房屋组成一个封闭的

丽江古城的小巷

■ 丽江古城大研镇
水车

四合院。

　　古城民居中的两拐房，一般是在经济条件暂不许可时修建起来的，这类民居先盖两坊。此两坊屋不能对面建盖，必须成曲尺形布置，故形成二坊拐角的平面形式，其他两面由照壁及围墙合成庭院。

　　古城民居中的前后院是用花厅联系两个院，前院是花园，后院为正院，两个院的轴线均在房的轴线上。前院房屋一般是小巧玲珑的厅阁等与宅园相协调的建筑。民居中的两进院不同于前后院的是，两院不是在正房轴线上排列，而是左右并行，两院由过厅相联系。一般两院各有一轴线相互平行。前后院及两进院一般皆属中型民居。

　　民居中的多进多套院是基本平面形式的多院综合，有纵向发展的，有横向发展的，也有纵横同时发展的。一进两院式及多进多套院，一般属于富家大户

穿斗式 或称"串逗"式，木构架。是用穿枋把柱子串联起来，形成一榀榀房架。檩条直接搁置在柱头上，在沿檩条方向，再用斗枋把柱子串联起来。从而形成了一个整体框架。一般这种木构架的形式在我国南方的江西、湖南、四川等地区广泛应用。

■ 丽江古城内的猜字壁

天井 是宅是院中房子和房子或者房子和围墙所围成的露天空地。南方房屋结构的组成部分，一般为单进或多进房屋中前后正间中，两边被厢房包围，进深与厢房等长，地面用青砖嵌铺的空地，因面积较小，光线为高屋围堵，显得较暗，状如深井，因此而得名。

住宅，皆属大型民居。

另外，古城的纳西族民居中最显著的一个特点是，不论城乡，家家房前都有宽大的厦子——外廊。

厦子是丽江古城纳西族民居最重要的组成之一，这与丽江的宜人气候分不开。因为气候宜人，所以这里的纳西族人就把一部分房间的功能如吃饭和会客等，搬到了厦子里。这一功能也就造成了古城的民居大都有宽阔的厦子。

除了布局形式，古城民居还非常注重房屋的装饰，其重点是门楼、照壁、外廊、门窗隔扇、天井、梁枋等。

门楼的形式有砖拱式、木过梁平拱式及木构架式3种，砖拱式门楼多为中间高、两边低的三滴水牌楼式样。木过梁平拱式门楼则是以木过梁承托、外包薄砖的三滴水牌楼。木构架式门楼多为双坡屋面，檐下用多层花板、花罩装饰。

民居照壁一般有三滴水、一字平式两种，内部的外廊小照壁多用大理石装饰。房屋的门窗均饰以木雕图案，如鸟禽、花卉、琴棋书画、博石器皿等，是功能与艺术相结合的产物。

同时，古城民居的庭院主要采用鹅卵石、五花石等为原料铺装，图案根据庭院大小或房主喜好而定，内容涉及花鸟鱼虫、八赴阴阳、民间传说、神话故事等，手法古朴，布局严谨。占地大、院落多的宅院，普遍由两坊一照壁、花台、水池等构成。

在现存的丽江古城中，主要有白沙民居建筑群和束河民居建筑群。其中，白沙民居建筑群位于古城北，曾是宋元时期丽江政治、经济、文化的中心，也是丽江古城的最早建筑群。

照壁 是我国传统建筑特有的部分，古人称"萧墙"。在古代，人们认为宅中不断有鬼来访，修上一堵墙，以断鬼的来路。因为小鬼只走直线，不会转弯。另一说法是我国受风水意识影响而产生的一种独具特色的建筑形式，称"影壁"或"屏风墙"。

高原姑苏

丽江古城

■ 云南丽江古城宁静的街道

白沙民居建筑群分布在一条南北走向的主轴上，中心有一个梯形广场，四条巷道从广场通向四方。民居铺面沿街设立，一股清泉由北面引入广场，然后融入民居群落，极具特色。

束河民居建筑群在丽江古城西北，是丽江古城周边的一个小集市。束河民居建筑群依山傍水，房舍错落有致。

街头有一潭泉水，称为"九鼎龙潭"，又称"龙泉"。泉内水质清澈，游鱼可数，从泉中溢出的流水蜿蜒于街衢旁。

另外，有一条名为青龙河的河流从束河村中央穿过，上面还架起一座石拱桥。据说，此桥名为青龙桥，是丽江境内最大的石拱桥。

除了这座四方街，在丽江古城区内的玉河水系上，飞架起的300多座桥梁也是古城的一景。这些古桥形式多样，主要形式有廊桥、石拱桥、石板桥、木板桥等。

在众多的古城古桥中，最著名的数大石桥、万子桥和南门桥。除此之外，还有锁翠桥、万千桥、马鞍桥、仁寿桥等。古桥的存在既方便了居民的出行，也为古城增添了一道亮丽的风景。

阅读链接

三眼井又称三叠泉或三叠水，是我国丽江特有的一种水井。我国北方的三眼井多以品字形分布，井水深，井口小，共有三个井口供三人同时取水。而丽江三眼井实际上是一个泉眼出水，从高到低分三级地势流淌。因三眼井按地势而成，下塘水不会污染上塘水，又可供不同需求者同时使用。

在丽江古城中，共有三眼井5个。凡有三眼井的地方，周围都有小型广场，栽有古树名木，除了挑水、洗衣服的人以外，早晚时分，还有许多老人小孩喜欢到此憩息，构成丽江古城特有的一幅现代"市井生活图"，这也是丽江古城的一大特色。

丽江知府组织兴建土司衙门

　　1382年，古城所属通安州知府阿甲阿得归顺明朝，明朝在此设立丽江军民府，明太祖朱元璋钦赐阿甲阿得姓木，并封他为世袭知府。

　　此后，木得在狮子山麓兴建丽江军民府衙署，并继续扩建古城贸易集市和街道建设。到了明朝末年，丽江古城已经呈现出一片繁荣的景象。

　　在现存的丽江古城中，有很多建筑就是在明代修建起来的。其中，位于丽江古

■ 朱元璋（1328年～1398年），明太祖朱元璋，字国瑞，汉族，明朝开国皇帝。原名朱重八，后取名兴宗。1368年，在南京称帝后建立了全国统一的封建政权。统治时期被称为"洪武之治"。

宏大的古城

■ 木府

城西南角便是明代的丽江军民府府衙。

　　此府衙俗称木府，始建于1382年，府衙分布在一条东、西轴线上，依次排列有金水桥、忠义坊、圆池、正殿、光碧楼、寿星楼、丹墀、一文亭、玉音楼、三清殿，直至狮山御园，一进数院，巍峨壮观。

　　这是一座仿紫禁城的纳西族宫廷式建筑群，西面为府署，中间为家院，东面为南北花园，可以说得上是气势恢宏，然而这里面住的不是皇帝和皇后，而是纳西族的世袭统治者木府家族。

　　原府衙于清咸丰、同治年间遭兵乱洗劫，现存府内建筑是后世重建的。中轴线上的主体建筑依次为玉带桥、忠义坊、木府门、议事厅、万卷楼、护法殿、光碧楼、玉音楼、三清殿和后花园，侧面还有驿馆和木家院等。

　　其中，进入木府的第一道大门为关门口。这里是

咸丰　爱新觉罗·奕詝，20岁登基，在位11年，31岁病死。咸丰是清朝秘密立储继承皇位的最后一位皇帝，他被后人称为无远见、无胆识、无才能、无作为的"四无"皇帝。他宠爱叶赫那拉氏，误国殃民，留下千古遗憾。

明清时期茶马古道必经之处。门口的一对石狮乃木府修牌坊时的狮子转移至此，至今已有上百年的历史。

天雨流芳牌坊是进入木府的第二道大门，上面写着"天雨流芳"四个大字。这四个字乃有一语双关的意思，用汉语理解是"皇恩浩荡如天雨流芳"，用纳西语的解释是"看书去吧"。

在天雨流芳牌坊后面，是明代木氏土司所建的玉带桥，因护城河从北、东、南三面玉带般环绕木府，此桥如玉带上的扣饰，故名玉带桥。因桥形酷似马鞍，该桥又名马鞍桥。一般的桥梁长度大于宽度，而玉带桥桥宽则远远大于桥长。

进入木府的第三道大门是一座采用金沙江边的汉白玉建成的，石柱撑着牌坊上的碑、椽、檐、坊盖，共有两层结构的大型石牌坊，名为"忠义坊"。

朱翊钧（1563年~1620年），汉族，明朝第十三位皇帝，明穆宗第三子，即万历皇帝，庙号神宗。他亲政初期，勤于政务，在军事上发动了"万历三大征"，平定哮拜叛乱和杨应龙叛乱，对外帮助朝鲜击败侵朝日军。在位48年，是明朝在位时间最长的皇帝。

■ 木府忠义牌坊

匾额 是我国古建筑的重要组成部分，相当于古建筑的眼睛。匾额中的"匾"字在古代也作"扁"字。用以表达经义、感情之类的属于匾，而表达建筑物名称和性质之类的则属于额。有种说法认为，横着的叫匾，竖着的叫额。

■ 木府万卷楼

牌坊上层中央是金字"圣旨"，下层的大号金字是圣旨的内容——"忠义"，这是明神宗朱翊钧钦赐镌刻的。4只石狮蹲踞在牌坊前，威风凛凛。赫赫有名的木府就在牌坊后边。

木府朝向坐西朝东，与一般古代官府坐北朝南不同，木府是朝向皇帝所在的方向，体现着孝忠皇帝。

木府的门都是木质的，因为木府还有自己的理论，那就是"木府理论"。

"木府理论"称：首先，木氏土司当年极为尊崇"开门为诸侯，关门是天子"的思想；其次，纳西族因在"夹缝中求生存"，非常推崇汉文化教育；第三，木府内"木"的内涵很丰富："见木低头""丽

■ 木府内的议事厅

江和'木'相处""以水养木""喜木朝阳"等；第四，木氏土司与中央王朝关系密切，许多匾额、门联等都反映了这一点。

为此，可以看出，"木府理论"其实也是寻回了被人们久已遗忘的木氏王国文化而已。

进入木府大门，是一个大广场，左、右是钟鼓楼，穿过广场步上三层平台是一座巨大的宫殿式建筑——议事厅。土司木公在这里办公，厅前高悬3块金匾，是明太祖、明成祖等3位皇帝赐给木土司的，内容都是"诚心报国"，既是褒奖，也是希望。

议事厅后是坐落在水中央的3层万卷楼，这里是木土司藏书学习的地方，环境清幽，门窗木雕精美。万卷楼的后门上是嘉靖年间皇帝赐的"忠孝文武"匾。

往后去就是护法殿，又称"后议事厅"。据说这

诏书 皇帝布告天下臣民的文书。在周代，君臣上下都可以用诏字。秦始皇统一六国，建立君主制国家后，自称朕，并改命为制，令为诏，从此诏书便成为皇帝布告臣民的专用文书。汉承秦制，唐、宋废止不用，元代又恢复使用。明代用诏书宣布重大政令或训诫臣工。

是木土司处理家事的地方，中间供奉"天地君亲师"的牌位和土司祖先的画像，后门上挂着"乔木世家"匾。

护法殿后，一条街道把木府分成两部分，靠过街楼连接。从后门进入光碧楼，楼上陈列着丽江古往今来杰出人物的画像和照片。

光碧楼的后边是亭亭玉立的玉音楼，这里是专门存放历代帝王发布的诏书以及接圣旨之所和歌舞宴乐之地。

演奏乐曲，接待来客，本来应该是一座很快乐的建筑。但是人们看到二楼后边悬挂的一块匾就快乐不起来了，匾上写着"天威咫尺"，意思大概是不要以为山高皇帝远，不要过分放纵自己，忘记自己对国家的责任。据说，这块匾额是一位名叫木增的土司对后世子孙意味深长的警示，要求后世子孙千万要加强自我约束。

古城内木府背枕狮子山，山上遍植柏树，如今狮子山上还保存着一大片古老的柏树林，它就是"丽江十二景"之一的"黄山古柏"。在狮子山极目下望，古城鳞次栉比的民居瓦房呈现出一片与天地混融的黛青色，苍苍茫茫宛若一幅巨大的水墨画。

阅读链接

古城内木府大门前的"忠义坊"是一快石牌坊。相传丽江木天王为了建造石牌坊，派许多工匠到江边开凿石头，把重达500千克至5000千克的石柱、石板往丽江古城运，许多人被活活累死。

石料备齐后，木大王又叫一位丽江白族师傅来主持工程，搭架试修了几次都倒了。后来师傅从小孩子的游戏中得到启发，先竖石柱，周围拿土堆得和石柱一样高，再砌丽江古城石牌坊，砌好后又把土撤去，终于成功。

据说，木府修建此牌坊时，四周用木板、竹子围住，修好后才拆去。木天王怕走漏风声，又把修牌坊的工匠活埋灭口。

徐霞客做客古城木府福国寺

1636年，已经51岁的明代大旅行家徐霞客，从家乡江苏无锡出发，开始他一生中最后也是时间最长、路程最远的一次考察旅游。

两年后，徐霞客从贵州进入云南。当徐霞客进入丽江古城，踩在五彩碎石铺成的街道上时，他被丽江的山水倾倒了。

在后来编撰的《徐霞客游记》中，我们还能够看到当时的丽江古城风貌：

■ 徐霞客（1587年~1641年），名弘祖，字振之，号霞客，汉族，江苏江阴市人。伟大的地理学家、旅行家和探险家。作品被后人整理成《徐霞客游记》。

■ 丽江木府景观

坞盘水曲，田畴环焉。中有溪自东山出，灌溉田畴更广。又有谁西南自文笔山，沿南山而东转，随东圆岗之下，经三生桥而东，与二水会，于是三水合而成漾共江之源焉……

木增 明代纳西族作家，字长卿，一字生白，号华岳。著有《啸月函》《山中逸集》《芝山集》《空翠居录》、《光碧楼选集》等7部诗文集。遗诗1000多首，收入《四库全书·子部杂家》。其诗多一题复咏，运用不同韵律和诗体表达不同的立意。

从《徐霞客游记》中，我们可以触摸到300多年前这个文明古城的缩影，感受到古老文化的巨构华章。

据说，徐霞客的丽江古城之行是受到当时的土司木增邀请的。

这位木增是丽江第十九代土司，他从11岁起便世袭父职，有出众的政治军事天才。

当时，明朝的统治已走向末路，内忧外患。忠于明朝皇帝的木增，多次贡献银饷给明朝廷，以急朝廷的战事之需。他还上书给皇帝，建议皇帝敬天，遵守

先祖法变；爱身修德，去声色；爱民减役薄税；用贤能；广开言路；详察亲访，辨别好坏；守信用，赏罚分明；平定辽东边患；重视孔子之学等。

1620年，明朝皇帝赐给木增"忠义"二字，这就是后来丽江古城木府门前的忠义牌坊的由来。

除了在军政方面表现卓著外，这位木土司自幼勤奋好学，博览群书，少年时就能吟诗作赋。他在纳西族地区大力倡导学习汉文化。

为此，木增还在丽江木府内兴建了"万卷楼"，广泛收集百家经典，在现存的古城木府里，还有他当年收集的汉文丛书。

另外，木增的书法也很出色，在后来修建的丽江博物馆，人们可以看到他书写的两副对联：

僧在竹房半帘月

鹤栖松径满楼台

草书 汉字的一种书体，特点是结构简省、笔画连绵。形成于汉代，是为了书写简便在隶书基础上演变出来的，有章草、今草、狂草之分。初期的草书，是一种草率的写法，称为"章草"，章草是早期由草书和汉隶相融的雅化草体。

从两副对联中，人们可以看到这位土司的草书潇洒飘逸，功底深厚。

木增在纳藏文化史上的最大功绩，是1614年亲自主持开始刊印藏文佛经大典《甘珠尔》。这部108卷包括1000多篇文献的经典历时9年才得以完成，史称丽江版《甘珠尔》。

再说徐霞客来到古城后，木增在古城的福国寺东堂五凤楼前，隆重地接待了这位旅行家。徐霞客在这里住了几天，还考察了丽江附近的风物名胜。这在《徐霞客游记》中记述得非常详细。

丽江古城的福国寺始建于1601年，最早只是木氏土司的家庙。

当时的木氏土司请来汉传大乘佛教僧人在此念经修行，成为汉传佛教禅寺，寺名"解脱林"。后来的明熹宗朱由校赐名为"福国寺"，此后福国寺之名一

■ 丽江福国寺

直被沿用了下来。

据明朝的《福国禅林纪胜记》碑记载:

延袤数里，松桧万章，盘桓夹层，是为解脱林。林中之梵刹、危楼、飞观、绘椽薄栌，金碧辉映者，为福国寺。

■丽江古城的指云寺

到了清代康熙年间，福国寺里已没有了汉传僧侣住持。1678年，丽江木氏土司木懿从青藏请来都知等高僧，将福国寺改建为藏传佛教噶玛噶举派寺院。

改扩建后的寺院成为一所有经堂殿宇五大院、僧房十八院的建筑群，福国寺成为丽江第一座藏传佛教寺院。

福国寺是丽江五大寺的母寺，作为云南最大的噶玛噶举寺院，噶玛巴、夏玛巴、大司徒仁波切、嘉察仁波切等都曾在此主持过大法会，佛法极为兴盛，寺中珍藏了许多有关噶玛巴活动的圣迹和文物。当时有僧侣90多人，规模甚是壮观。

1864年正月，福国寺毁于兵火，到了1882年又曾重建。福国寺后来被毁，只有"五凤楼"与"解脱林"的门楼被保留了下来。

作为丽江主要的文化遗产，寺院最有名气的当属大殿五凤楼。

五凤楼又名"法云阁"，建筑极为精美。无论从哪个方向看，均像五只展翅欲飞的凤凰，五凤楼也因此而得名。五凤楼为三层木构塔式建筑，三叠八角，气势十分雄伟。五凤楼的檐角组成上翘曲线，使

■丽江五凤楼

庞大沉重的楼顶显示出轻快的飞动感。

　　五凤楼的楼尖为贴金宝顶，多节玲珑。楼内雕刻精致，彩绘典雅华丽，与大红圆柱争相辉映。天花板上绘有太极图和飞天神王以及龙凤呈祥等图案，线条流畅，色彩绚丽，具有汉族、藏族、纳西族等民族建筑艺术风格，是中国古代建筑中的稀世珍宝和典型范例。

　　五凤楼是云南省民族地区现存的一项具有科学、历史、艺术价值的重要古建筑。1983年，五凤楼被云南省人民政府认定为省级重点文物保护单位。

阅读链接

　　据说，作为土司木增的贵宾，徐霞客受到了木家上下的盛情相待，在其宴会上，徐霞客惊叹称："大肴八十品，罗列甚遥，不能辨其孰为异味也。"

　　同时，木增的儿子招待徐霞客时也毫不逊色："菜肴中有柔猪、牦牛舌……柔猪乃五六斤小猪，以米饭喂成者；其骨俱柔脆，全体炙之，乃切片以食。牦牛舌似猪舌而大，甘脆有异味。"徐霞客还被赐给予珍贵的红毡、丽锁。连当地福国寺的住持也"馈以古磁杯、薄铜鼎，并芽茶为烹沦之具"。

苍山洱海

大理古城

　　大理古城东临碧波荡漾的洱海，西倚长年青翠的苍山，形成了"一水绕苍山，苍山抱古城"的城市格局。从779年南诏王异牟寻迁都阳苴咩城开始，已有1200多年的建造历史。

　　大理的全称是大理白族自治州，是一个以白族为主的多民族地区。大理古城是我国首批24个历史文化名城之一，大理城的城区道路仍保持着明、清以来的棋盘式方格网结构，素有"九街十八巷"之称。

明代在羊苴咩城遗址建古城

作为我国首批历史文化名城之一的大理古城，在我国古城中的地位是独一无二的。后世所见的大理古城是以明朝初年在阳苴咩城的基础上加以恢复的。

古城呈方形，开四门，上建城楼，下有卫城，更有南北3条溪水作

■云南大理古城内的石头房屋

为天然屏障。城墙外层是用砖砌而成，城内由南到北横贯着5条大街，自西向东纵穿了8条街巷，整个城市呈棋盘式布局。

■ 大理古城内的白族民居

羊苴咩城位于大理城南的苍山中和峰下，仅留残垣的城墙。

羊苴咩城是继南诏太和城后，南诏、丽江古城国的重要都城。北城墙依梅溪修建，溪水深沟成了天然的护城河。羊苴咩城墙用土夯筑。据史书记载，羊苴咩城南城墙应在龙泉溪旁，但城墙遗迹不明显。

在大理古城内，有一块1309年的"加封孔子圣诏碑"，碑文内容表明，大理古城是羊苴咩城东面的一部分。

早在六诏与河蛮并存时期，羊苴咩城就是大理洱海地区的一个较大的村邑，已经具有城市的雏形，是

皮逻阁（697年～748年），南诏的第四代王。他在位期间，在唐王朝的支持下并吞了其他五诏，使洱海地区统归南诏管辖。738年，他入京朝贡，受到唐玄宗的礼遇，加封为"特进云南王、越国公、开府仪同三司"。

《蛮书》 为记载南诏史事的史书，又名《云南志》《云南记》《云南史记》《南夷志》《南蛮志》《南蛮记》。共10卷，唐代的樊绰撰写。

大军将 南诏官名。拥员12人，与清平官地位相仿，在内则每日与王商议国事，出外则领兵任节度使。清平官出缺时，以大军将递补。

■ 大理古城城楼

南诏王皮逻阁统一六诏、征服河蛮后占领的城邑。阁逻凤曾对羊苴咩城进行扩建，成了南诏的重要城镇。

779年，南诏王阁逻凤去世，由于他的儿子凤迦异早逝，立他的孙子异牟寻为南诏王。后来，异牟寻修建了三阳城作为防御吐蕃城垣，并于779年将王都从太和城迁至羊苴咩城。

羊苴咩城和大理太和城一样，只有南、北两道城墙，西依苍山为屏障，东据大理洱海为天堑，羊苴咩城地势十分险要。据《蛮书》记载，羊苴咩城内建有南诏宫室和高级官吏的住宅。

羊苴咩城南、城北两座城门之间由一条通衢大道相连。城内有一座高大的门楼，在左、右有青石板铺垫的高大台阶。从羊苴咩城南城门楼进去，走300步就到第二座门楼，羊苴咩城两旁又有两座门楼相对而

立。这两座门楼之间，是高级官员清平官、大军将和
六曹长的住宅。

■ 大理古城城墙

进入第二道门，走200步到第三道门。门前置放
兵器，在羊苴咩城内建有两座楼。第三道门后面有一
照壁，走100步就可以见到一个大厅。

这座大厅建筑宏伟，厅前建有高大台阶，厅两旁
有门楼，厅内屋子层层叠叠。过了大厅，还有小厅。
小厅后面是南诏王的宫室。

856年，南诏王劝丰佑在羊苴咩城内修建了一座
宏伟的建筑物，这就是五华楼。五华楼位于大理古城
的中心部位，是古代南诏王的国宾馆，又叫五花楼。
因其规模相当的宏大，在南诏时，曾被称为"天下第
一楼"。

清平官 南诏官
名，相当于唐代
的宰相。继南诏之
后的大长和、大
天兴、大义宁、大
理均沿置。南诏最
高行政长官统称
"清平官"，六
人、七人不等，清
平官中设"内算
官"一人，掌握机
密，威权极重。

这个巨大的羊苴咩城楼上可容纳万人，下面可以竖5丈旗，是南诏接待西南各部落酋长的国宾馆。每年南诏王以及后来大理国的大理王都会在五华楼会见西南夷各个小国君长，和其他一些重要宾客，赐予酒席佳肴，奏以南诏、大理时期的音乐。

据《南诏野史》记载，元世祖忽必烈征大理时，曾在五华楼前驻过兵，后来五华楼被战火烧毁，到明代已不存在了。后人从五华楼遗址发掘出的宋元时期的石碑，碑文进一步证实了《南诏野史》的记载。

五华楼作为国宾馆的历史也长达数百年之久。明代洪武年间，政府在易址重修大理古城时，将城中的钟鼓楼改称五华楼，但其规模格局已远远不如南诏时期的五华楼。1862年，清代地方官又集资重修五华楼，后来屡经修建。

《南诏野史》记载，到1253年，羊苴咩城作为大长和、大天兴、大义宁、大理国等王朝的都城。

1274年，元朝在云南建立云南中书省，云南省会设在鸭池城后，羊苴咩城才失去云南政治、经济、文化中心的地位。1382年，明朝新建大理府城，羊苴咩城才逐渐荒废。

阅读链接

南诏王阁逻凤去世后，立他的孙子异牟寻为南诏王。当时正值南诏、吐蕃联军进犯西川（即四川）遭到唐将李晟的痛击。吐蕃责怪南诏，改封异牟寻为"日东王"，使大理南诏的地位降为吐蕃属国。

据《旧唐书》记载，异牟寻是一个知识渊博，有才智，颇具领导才能的人。当他开始意识到叛唐投靠吐蕃的危害时，希望重新归附唐朝，但又害怕吐蕃兴师问罪，于是异牟寻修建了三阳城作为防御吐蕃城垣，并于779年将王都从太和城迁至羊苴咩城。

始建于古南诏国的崇圣寺三塔

　　崇圣寺三塔是南诏国和大理国时期建筑的一组颇具规模的佛教寺庙，位于原崇圣寺正前方，呈三足鼎立之势。崇圣寺初建于824年至859年，大塔先建，南、北小塔后建，寺中立塔，故塔以寺名。

　　崇圣寺三塔位于大理古城北，东对洱海，西靠苍山，是大理市"文献名邦"的象征，是云南省古代历史文化的象征，也是我国南方最古老、最雄伟的建筑之一。

　　崇圣寺是我国明代旅行家徐霞客在《滇游日记》中所写的三塔寺。崇圣寺的壮观庙宇在后来烧毁，只有三塔完好地保留下来。

　　崇圣寺三塔由一座大塔

崇圣寺

宏大的古城

■ 大理三塔旁的崇圣寺

密檐式塔 我国佛塔主要类型之一，是一种由楼阁式塔演变而来的新式佛塔，多是砖石结构。密檐式塔始于东汉或南北朝时期，盛于隋、唐，成熟于辽、金，它是由楼阁式的木塔向砖石结构发展时演变而来的。密檐式塔是唐代、辽代塔的主要类型，而且多为四角形、六角形和八角形。

和两座小塔组成。大塔又叫千寻塔，与南、北两个小塔的距离都是70米。

千寻塔高约70米，是方形密檐式空心砖塔，一共有16级，具有典型的唐代建筑风格。塔身内壁垂直贯通，上下设有木质楼梯，可以登上塔顶，从瞭望小孔中欣赏大理古城的全貌。

千寻塔矗立在两层高大的台基上，塔前朝东的照壁上有"永镇山川"4个苍劲有力的石刻汉字，是由明代黔国公沐英的孙子沐世阶所写。

千寻塔始建于823年至859年。建塔的方法传说有多种，其中的一种叫"土层掩埋法"，也就是由塔基开始，每修好一级塔，就用土层掩埋一级，并把土堆压成一个斜坡形的土台子，这样就大大方便了运送建筑材料和修建上一级塔。等到大塔封顶时，土台的斜坡已延伸数千米远，接下来又一层一层地挖去埋塔的土层，直到完全显露出整座塔。

　　三塔中，南、北两座小塔高度相同，约42米，各有10级，是一对八角形密檐式砖塔，八层以上是实心，八层以下则是空心。外观轮廓线像锥形，具有典型的宋代建筑风格。

　　南北小塔约建于1108年至1172年大理国段正严、段正兴时期。随着年代的久远，两座小塔已经偏离了垂直线，倾斜了400多年。

　　仰望三塔，千寻塔每级四面都有拱形佛龛，相对的两龛内供有佛像，另外两龛则作为窗洞直通塔心。而南北小塔，每级的八方都有形状各异的塔形佛龛，各层塔身都有浮雕作为装饰。崇圣寺三塔的级数都为偶数，而其他地方佛塔的级数一般都是奇数。

　　崇圣寺三塔从修建之日起，除了经历上千年风吹雨打和日晒之外，还经历过30多次强地震考验。其中，在明代正德年间的大地震中，大理古城房屋绝大部分倒塌，千寻塔也折裂如破竹。可是10天后，千寻塔竟奇迹般地自行复合如初。

　　崇圣寺及三塔建成后，一直到明代，寺院保存完好。

　　据史料记载，崇圣寺及三塔是三阁、七楼、九殿，房屋890多间，有佛像1.14万尊。

　　大理国时期曾有9个国王禅

佛龛　供奉佛像、神位等的小阁子，如佛龛、神龛等，一般为木制。我国古代的石窟雕刻一般是神龛式，小龛又称楔。龛原指掘凿岩崖为空，以安置佛像的地方。后世转为以石或木制成橱子形，并设门扉，供奉佛像，称为佛龛。

061

苍山洱海

大理古城

■崇圣寺三塔

位为僧，任崇圣寺住持。在佛教盛行的大理国时期，百姓不论贫富，家家户户都有佛堂。不论男女老少，都手不释数珠，因此大理国素有"佛国"之称。

崇圣寺又有"佛都"之誉，而寺中的三塔、鸿钟、雨铜观音、证道歌碑和佛都匾、三圣金像被视为五大宝物。直到明代，官员李元阳组织重修崇圣寺时，寺中的五宝还保存完好。

寺内的雨铜观音塑像，庄严静美，细腰赤足，造型精妙。相传，当时在殿内铸造高近10米的观音像时，铸到一半铜就已用完了，这时天上下了一场铜雨，人们便收集这些如珠铜雨才铸完了观音，故名雨铜观音。

在南诏和大理国时期，藏传佛教、印度密教和禅宗等宗教文化曾在大理得以交汇与融合。

阅读链接

在千寻塔上书有"永镇山川"4个字，之所以写这4个字，有两种说法。

一种说法是大理地区历史上水患较多，恶龙作怪，因此要治水就要先治龙。可是，龙只畏惧大鹏，因此只要塔和塔上的大鹏金翅鸟存在，龙就不敢作恶了，水患当然也就减少了。

另一种说法是明朝时期地处边疆的大理地区已划归明朝版图，明政府为了充分表达对这块版图的坚守之意，在屹立不倒的塔基上题字刻碑就再合适不过了。

康熙年间始建古城第一门

文献楼位于大理古城南门外，素有古城第一门之称，是大理古城的标志性建筑。

文献楼始建于清代康熙年间。因楼额悬挂云南提督偏图（汉名李羲瑞）在1701年所题的"文献名邦"匾额，故名文献楼。"文献名

大理古城的文献楼

■ 大理古城文献楼
内的题词

邦"匾的两侧有清代文人周仁所写的长联：

溯汉唐以还，张叔传经，杜公讲学，硕
彦通儒代有人，莫让文献遗风暗消在新潮流
外；

登楼台而望，鹫岭夕阳，鹤桥小路，
熙来攘往咸安业，但愿妙香古国常驻于大
世界中。

这副对联简单明了地介绍了大理古国的风情。

此外，还有"文献楼""南诏故都"等匾额。楼
的东墙上镶嵌一块纪念大理最早的汉文化传播者张
叔、盛览的石碑，上刻"张叔盛览故里"六字石碑。

文献楼横跨古城南面进入大理古城的通道两旁，
柳树成荫，充满诗情画意，是当时官府迎送达官贵人
的门户。

塔刹 指佛塔顶部
的装饰，塔刹位
于塔的最高处，
是"冠表全塔"
和塔上最为显著
的标记。"刹"
来源于梵文，意
思为"土田"
和"国"，佛教
的引申义为"佛
国"。各种式样
的塔都有塔刹，
正所谓"无塔不
刹"。塔刹是塔
顶攒尖收尾的重
要部分。

矗立在砖石结构门洞上面的文献楼，是两层歇山式土木石结构的镝楼，具有典型的白族建筑特色。文献楼历史上几毁几修，重建后的楼体雄伟壮丽。

大理古城另一处标志性建筑是弘圣寺塔，俗称一塔，位于大理古城中和镇西南原弘圣寺前。历经岁月，大理弘圣寺早已荡然无存，只存寺塔，威严耸立。

弘圣寺塔是16级密檐式方形空心砖塔。弘圣寺塔全塔分为基座、塔身和塔刹三个部分，有3台正方形基座，四壁用石头垒砌，备台之间有石阶相通。

弘圣寺塔第一台石阶在南面，第二台石阶在东面，第三台石阶在西面，直对塔门。

弘圣寺塔门呈圭角式，其上镶浅浮雕的5尊佛像，东、南、北三面各劈假卷门一道，弘圣寺塔身各层之间用砖砌出叠涩檐，四角飞翅。从2层至15层，每层四面皆有佛龛，龛内置佛。弘圣寺塔佛顶四角原

叠涩 是一种古代砖石结构建筑的砌法，用砖、石，有时也用木材通过一层层堆叠向外挑出，或收进，向外挑出时要承担上层的重量。叠涩法主要用于早期的叠涩拱，砖塔出檐，须弥座的束腰，墀头墙的拔檐。常见于砖塔、石塔、砖墓室等建筑物。

■ 大理文献楼

宏大的古城

■ 杨慎（1488年～1559年），明代文学家，明代三大才子之一。字用修，号升庵，后因流放滇南，故自称博南山人、金马碧鸡老兵。禀性刚直，贬谪以后，特多感愤。能文、词及散曲，论古考证之作范围很广。著作达百余种。后人辑为《升庵集》。

有金翅鸟现已不存。

云南省弘圣寺塔刹装置在塔顶覆钵上，上为仰莲，再上为7圈相轮，相轮上为八角形伞状宝盖，再上为葫芦形宝珠，弘圣寺塔宝盖角上挂有风铎，弘圣寺塔的造型，与大理千寻塔相似。

关于弘圣寺塔的建造年代，史籍记载的说法不一，如《大理县志稿》中说：

> 弘圣寺塔，在大理城南弘圣寺，弘圣寺塔高二十余丈，十六级。世传周时阿育王建，明李元阳重修。

杨慎在《重修弘圣寺记》中又说："塔形于隋文帝时。"

弘圣寺塔是宗教的产物，修建如此宏伟的建筑物，必须具有一定的社会条件，以上说法均是附会。

现依据弘圣寺塔塔门上佛像的造型及所出土的梵文塔砖《阿闪佛灭正报咒》以及出土的塔、佛像的造型判定，应为大理南诏国时期的建筑，明嘉靖时郡人李元阳曾对弘圣寺塔进行过修葺。

新中国成立后在维修弘圣寺塔时，在塔顶部发现一批南诏、大理国时期的重要文物。这些文物多是宗教题材的佛、菩萨、天王、力士、明王、塔模、金刚杵、铜镜、手镯、光珠和贝等。

材料质地有木、玉、金、银、水晶、铜、鎏金铜和铁等。每件文物都技艺精湛，堪称上品，佛像的造型也是面貌各异。整座古塔简直就是一座巨大的文物宝库。

除了文献楼和弘圣寺塔，元世祖平云南碑也是

相轮 是五重塔屋根的金属部分的总称，塔刹的主要部分。从上到下依次是宝珠、龙车、水烟、九轮、受花、伏钵、露盘。宝珠装有佛舍利。龙车是高贵者的乘坐，水烟避免火灾，九轮代表五智如来和四菩萨，受花用于装饰的基台，露盘是伏钵的土台。

■ 大理文献楼夜景

不可多得的历史证物。此碑立于大理古城三月街街场内，立碑时间为1308年。

碑正面朝东，背靠苍山，面向洱海。碑由青石座、两截青石碑身、大理石碑额、麻石砌筑圆券顶和围护迎框组成。

石碑的顶部稍有残缺。文字均为直行正书。碑文出自翰林院名家的手笔，文辞典雅，气势磅礴。上石着重叙述征伐云南事迹，下石颂扬了元世祖的功德。碑额呈半圆形，正面有"世祖皇帝平云南碑"和双龙捧月浮雕，背面刻有3尊浮雕像。

碑文不仅歌颂了元世祖讨平云南的赫赫战功，还简要地叙述了忽必烈挥戈南指、转战万里，采取大迂回的行军路线，兵分三路向云南挺进的经过。当时，忽必烈亲自率领中路大军，渡大渡河、雅砻江和金沙江，从丽江直逼洱海，一举讨平了大理。

碑文还记载了元宪宗在大理的一些行政措施。因此，该碑对研究元初的政治、军事及云南地方史提供了较为可靠的实物资料。为了保护该碑，大理地方政府专门为该碑建了围墙。

阅读链接

元世祖平云南碑的碑文追述了元世祖平云南的经过。1262年，忽必烈由宪宗蒙哥"授纳专征"。第二年，蒙古军乘革囊渡过金沙江进入云南丽江。此行之前，已经先行遣使前往大理，招降大理国段氏，但因道路受阻使臣没有回来。11月，从丽江又派使臣去招降大理国，可是使臣到了大理国便遭杀害。

1254年，忽必烈北上，轻松打败了大理国段氏。忽必烈下令：凡是善意归降者，一律厚待。至此，宋朝大理地方政权灭亡。元军攻下了阳苴咩城和拓东城以后，又平定了37个乌蛮部落，云南从此太平。

商丘古城

  商丘古城又称归德府城，是我国原河南省商丘县城。此古城始建于明正德六年，距今已有近500年的历史。

  古城由砖城、城湖、城郭三部分构成，城墙、城郭、城湖三位一体，外圆内方，呈现巨大的古钱币造型，建筑十分独特。

  商丘古城是目前世界上现存的唯一集八卦城、水中城、城上城"三城合一"的大型古城遗址。

黄帝后裔始建华商之都

  在华夏大地上，放着世界上最大的一枚货币，那就是商丘古城。从3千米高空鸟瞰商丘古城，它就像一个外圆内方的我国古铜币。这里是我国夏、商两朝最早建都的城市，也是中华民族的发祥地之一。

  话说，在很早以前，商丘一带是一片山林。在山林中居住着一群

■ 晚霞中的商丘城

原始人，他们习惯吃生食，喝生血。但是，生食腥臊恶臭，伤害肠胃，容易让人生病。

后来，人们发现火烤熟的食品味美且易消化。但因雷击等产生的自然火很少，而且在短时间内也容易熄灭，人们很难保留火种。

当时，有一位圣人从鸟啄燧木出现火花而受到启示，就折下燧木枝，钻木取火。他把这种方法教给了人们，人类从此学会了人工取火，用火烤制食物、照明、取暖、冶炼等。

从此，人类的生活进入了一个新的阶段。后来，人们为了感谢这位圣人，便称他为燧人氏，并奉他为"三皇之首"。

燧人氏去世后，人们为了纪念他，便在商丘为他修建了一座高大的陵墓，这就是后来商丘古城西南的火祖燧人氏墓地。

商丘地带的原始人学会用火之后，又过了很多年，远古时期部落联盟首领黄帝的孙子高阳氏（即颛顼帝）从黄帝的登基之地穷桑来到商丘，建立帝都。后来，黄帝的曾孙姬夋辅佐颛顼有功，也建都于亳，也就是后来的商丘高辛集，号高辛氏，史称帝喾。

■ 燧人氏塑像

三城集一

商丘古城

三皇 我国创世神话中的"三皇"是指距盘古开天辟地已经55万年，陆续出现的三位伟大的神祇，称为天皇、地皇和人皇。"皇"的原意就是神祇，但神性略次于盘古和玉皇大帝。三皇称谓仅是一种传说，都是远古时期为人类做过特别重大贡献的部落群体和首领。

■ 商丘古城城墙

　　据《左传》记载，高辛氏有两个儿子，大儿子叫契，二儿子叫实沈。二人不和，经常闹事。高辛氏便把契封到商丘做火正。

　　火正是掌火官，就是管理火种，以便人们可以随时取到火，并且要观察火星的运行，以便及时地告知人们防灾避祸并适时地播种收割。后来，观察火星与太岁之间的关系、位置的火正契就被人们称为"阏伯"。

　　《左传·昭公之年》载："迁阏伯于商丘，主辰，商人是因。"这就是说，阏伯是商人的祖先，他迁居之地正是商丘古城的起源。阏伯死后，人们就在他生前观察火星的高地上葬之，后人称之为阏伯台，或称火星台，或称火神台。

　　现存的阏伯台如墓状，夯土筑成，位于商丘古城西南，距今已有4000余年的历史。阏伯台下的土丘便是阏伯始封之商丘，商丘地名也由此而来。

　　虽然最早的商丘城是阏伯和他的祖辈们兴建起来的，但是真正把此地带上富强之路的还是阏伯的六世孙王亥。

当时，随着农牧业的迅速发展，使商部落很快强大起来，他们生产的东西有了剩余，于是王亥便在商丘服牛驯马发展生产，用牛车拉着货物，到其他部落去搞交易，开创了华夏商业贸易的先河。

由于王亥是我国历史上最早的商人，被尊为商人始祖。后来，人们为了纪念这位华商始祖，便在位于商丘古城西南处修建了一座商祖祠。

商祖祠的第一道门是"商祖门"，又名"三商之门"。它是由3个变形的"商"字甲骨文组成，大门上面有3只玄鸟在展翅腾飞，形象地展示了商族部落诞生的传说。

商祖门后面是富商大道，整条大道通过石刻的艺术形式，对我国各个朝代的主要钱币进行了展示。

万商广场后是为纪念王亥而建的商祖殿，又名王亥殿，为仿汉建筑。是公元前1854年至公元前1803年的人们纪念王亥之地。

商祖殿的西配大殿名为"财神殿"，主祀文财神比干；东配殿名为"关帝殿"，主祀武财神关羽。两殿均为仿汉建筑。商祖殿后面的建筑为花戏楼，始建于明嘉靖年间，现存戏楼为后来重修。

阅读链接

由人们对祖先阏伯的祭祀演变而成的盛大庙会，又称火神台庙会，这是商丘最为古老和盛大的庙会，简称"台会"，老百姓又称其为"朝台"。

随着时间的推移，从庙会形成起，朝台的人越来越多，至唐代已发展成相当隆重的庙会。据考证，火神台庙会至清朝乾隆年间最为盛大。

朝台本来从正月初四开始，香客为表达对火神的虔诚与敬意，从头年腊月便往这儿赶，春节未到，火神台附近的村庄住满外地香客，认为朝拜后火神会在一年里保佑全家平安。

六朝古都演绎的辉煌历史

大禹治水塑像

四五千年前的原始社会末期，中原地区分布着许多氏族部落。商丘的祖先契是和夏禹同时代的部落首领。

夏禹就是我国远古时代夏朝的第一位天子。他是我国传说中与尧、舜齐名的贤圣帝王，他最卓著的功绩，就是历来被传颂的治理滔天洪水，又划定我国国土为九州。后人称他为大禹。

大禹建立夏朝后，他的后人少康又在商丘建立了都城，这就是历史上著名的"少康中兴"，商丘为此成为中兴之都。

契的十三世孙成汤当部落首领时，趁夏朝太康失位，把势力伸展到黄河下游的一些地区，商很快成为一个兴旺的小国。

这时，夏朝阶级矛盾十分尖锐，而商的农业、手工业及商业都比夏先进。商的首领成汤任用奴隶伊尹做右相，任用车官奚仲的后代仲虺做左相，战胜夏桀，灭了夏朝。

■ 商丘古城出土的青铜牛

成汤回到老家南亳，也就是后来的商丘古城，建立帝都，定国号为商。于是，商丘城成为商朝的开国之都。

公元前11世纪，周成王三年，周公平定武庚叛乱后，成王封殷商后裔微子启于商丘，称宋国，商丘为宋国国都。西汉时期，商丘为汉代最强盛的诸侯国梁国的国都。北宋时期，商丘为北宋陪都。1127年，赵构在南京应天府，也就是后来的商丘即位，于是，商丘古城又成为南宋的开国都城。

从帝喾高辛氏定都商丘，到成为夏朝中兴之都、商朝的开国之都、周朝宋国之都、汉朝梁国之都、南宋开国之都，商丘古城成为我国古代的六朝古都，其建都时间最早，跨度最长，前后共历1500多年。

成汤 商汤，姓子，名履，庙号太祖，为商太祖。商朝的创建者，公元前1617年至公元前1588年在位。他在位30年，其中17年为夏朝商国诸侯，13年为商朝国王。今人多称商汤，又称武汤、天乙、成汤、成唐，甲骨文称唐、大乙，又称高祖乙。

■ 商丘古城一角

睢阳城 位于商丘市中心南部，因地处古睢水之北，而得名。睢阳是中华民族的重要发祥地、著名古都，商人、商品、商业皆发源于此地。商朝、春秋宋国、西汉梁国和南宋均曾在睢阳建都，古称亳、宋国、梁国等。

悠久的历史、灿烂的文化给商丘留下众多的人文景观。现存的商丘古城为1511年所建，距今已有500多年的历史，是我国保存最为完好的古城。

在古城之下，同时叠压着春秋时期的宋国都城、秦汉和隋唐时期的睢阳城、宋代应天府南京城等6座都城、古城。

有商丘作为华夏之邦商业、商品、商文化发源地之隐喻，是目前世界上现存的唯一集八卦城、水中城、城上城的大型古城遗址。

现存的商丘古城自明代建成后，城内街道胡同等格局基本没变，仍然保持着当时的棋盘罗布、奇门八卦的原貌。

城内地势呈龟背形状，有93条街道，在古代八卦学说中，九（9）是最大的数字，而三（3）是万物的源泉，所谓一生二，二生三，三生万物，所以93是吉利数字。

这93条街，把全城分割成200米见方的许多小块，格局如同棋盘。俯瞰全城，如棋盘状。建筑多为走马门楼和四合院建筑群。

根据五行相克相生的理论，为防金木相克，东、西两门相错。东门偏南，西门偏北，错开一条街，出现了与南北轴线分别相交的两个隅首。

古城南为拱阳门，拱券式建筑，北为拱辰门，东为宾阳门，西为垤泽门。门上原皆有城门楼，后毁于战火。现北城门楼与南城门楼均已修复。

北门城楼为归德知府于1555年所建，为重檐歇山式建筑。雄伟壮观，古城楼飞檐挑角，琉璃覆顶，古典彩绘，辉煌灿烂。城楼为上、下两层，下层有唐六忠烈大型塑像展览和古代十八般兵器展览。

四门之外原有瓮城，每座瓮城各一扇扭头门，后

五行 是我国古代的一种物质观，多用于哲学、中医学和占卜方面。五行指金、木、水、火、土。古人认为大自然由五种要素所构成，随着这五个要素的盛衰，使大自然产生变化，不但影响到人的命运，也使宇宙万物循环不已。

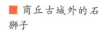
商丘古城外的石狮子

侯方域 字朝宗，
明末清初著名文
人。少年即有才
名，参加复社，
与东南名士交
游。侯方域擅长
散文，以写作古
文雄视当世，与
方以智、冒襄、
陈贞慧合称"明
末四公子"，与
魏禧、汪琬合
称"清初三大
家"。著作有
《壮悔堂文集》
10卷，《四忆堂
诗集》6卷。

被拆除。城墙四面有敌台，形制大小不一，西门向南的第一个马面呈半圆形建筑，其余皆呈凸出墙外的马头形。城墙角各有一处角台，形制相同，大小不等。城墙上有城垛口。

城墙外为护城河，绕城一周。护城河外的护城土堤，是1540年筑成。

在古城北门内附近，刘隅首东一街，有侯方域故居，又名壮悔堂，是明末清初文学家侯方域的书房。

现存的壮悔堂是一座明三暗五、上下两层、前出后包、坐北朝南的楼房，正面向南的地方是一座五间的过厅，东侧是三间两层的雪苑社，两座楼房东、西对峙，与壮悔堂、过厅形成一组四合院，是一座明末清初典型的建筑。

■ 商丘古城城防

穆氏四合院坐落在古城内中山东二街的睢阳宾馆院内，它是商丘古城保存比较完整、最具有代表性的四合院建筑群之一。

穆氏四合院东侧是河南省现存规模最大的庙宇文庙。据史料记载，文庙始建于1555年至1559年，距今已有近500多年的历史。孔子周游列国时，曾在此讲学，后人为纪念孔子，就在此修建了文庙。

文庙大殿气势雄伟壮观，结构精巧，脊中立宝瓶、鸱兽、龙雕左右相对视，飞檐斗拱，画砖雕绘非常精美。

位于商丘古城之东，原址在县城南门外东侧处，是著名的应天书院。它与江西庐山白鹿洞书院、湖南长沙岳麓书院、河南登封嵩阳书院并称北宋四大书院，也是我国唯一坐落于闹市区的书院。

应天书院经历了从私学到官学，从书院到府学，最后成为国子监的长期发展过程。范仲淹、晏殊等人对应天书院的发展做出了不可磨灭的贡献。当时的书院已无处可寻，目前已在考证的原址上仿制重建。

坐落在商丘古城南门外的张巡祠，是为纪念"安史之乱"中为保卫睢阳而殉难的张巡、许远等人所

■ 商丘古城内的应天书院

晏殊 字同叔，著名词人、诗人、散文家，北宋前期婉约派词人之一。他性刚简，自奉清俭。能荐拔人才，如范仲淹、欧阳修均出自他的门下。他是当时的抚州籍第一个宰相。晏殊与其第七子晏几道，在当时北宋词坛上被称为"大晏"和"小晏"。

建。新中国成立后该祠重建。

此外，在商丘古城城郭东南角内侧，还有著名的建筑——文雅台。西汉初年，梁孝王刘武做梁国国君时，在孔子习礼处盖起了亭台楼阁，常与司马相如、枚乘、邹阳等文人雅士在此吟诗作赋，颇有文雅之风，于是建了文雅台。

现在的文雅台内，有院墙一周，过厅三间，大殿三间，重檐六角亭一座，亭内有唐著名画家吴道子所绘孔子石刻画像，亭四周有历代名人碑刻四十余通。

院内有圆形代檀池，植有荷莲。文雅台一周碧水环绕，环境清幽，风景宜人，原为商丘七台八景之一，吸引了不少海内外游子来此观光旅游。

总之，商丘古城格局是古代城池的典范之作，不仅在我国，就是在世界上其他国家现存的古城池中也是绝无仅有的，这也是商丘古城目前最有价值的部分之一。

阅读链接

商丘古城内应天书院的前身是后晋时杨悫所办的私学，后经其学生戚同文的努力，得以发展，学子们"不远千里"而至，"远近学者皆归之"。北宋政权开科取士，应天书院人才辈出，百余名学子在科举中及第的竟多达五六十人。

宋真宗时，因追念太祖自立为帝，应天顺时，将宋太祖赵匡胤发迹之处宋州，也就是后来的商丘，于1006年改为应天府，1014年又升为南京，处陪都地位。

1009年，曹诚愿以学舍入官，并请戚舜宾主持。应天府知府把请求上报宋真宗并获批准，使端明殿学士盛度著文评记其事，前参政事陈尧佐题写匾额，正式赐额为"应天府书院"。

襄阳古城

襄阳古城地处汉江南岸，与北岸的樊城隔江相望，是襄阳市委市政府机关所在地。它三面环水，一面靠山，不仅仅是历代区域性政治、经济、文化的中心，更是一座古今闻名的军事重镇。因城墙坚固，城高池深，易守难攻，素有"铁打的襄阳"之称。

城墙始筑于汉代，时兴时废，保留至今的是明洪武年间重筑的新城。古朴典雅的城地，与新近修复的仲宣楼昭明台等历史名胜融为一体，交相辉映，成为我国历史文化名城之一。

见证众多历史战争的古城

提起襄阳，人们最先想到的是《三国演义》中魏、蜀、吴在其所在地荆州所上演的一出出好戏，《三国演义》120回的故事中，有32回的故事都发生在这里。

我国古代的襄阳城主要由襄阳城和樊城组成，襄阳城因地处襄水

襄阳古城建筑及古城墙

之阳而得名为"襄阳"，其早在先秦时期就已经初具规模，距今已有两千多年的历史。樊城则因周宣王时樊侯仲山甫封地于此而得名。

襄阳位居祖国大陆腹地，扼守汉水中游，西接川陕，东临江汉，南抵湘粤，北至宛洛，交通十分便利，战略地位突出，因此成为历朝历代兵家必争之地，也几次成为我国历史进程的见证者。

207年，寄居于荆州新野的刘备来到襄阳城西的隆中，拜会了"卧龙"诸葛亮，请他出山辅佐自己，这就是历史上有名的"三顾茅庐"。

诸葛亮在隆中对当时的天下形势进行了深入的分析，并且为刘备构思了"先据荆州，后进巴蜀，再图中原，兴复汉室"的战略，史称"隆中对"。

由此，诸葛亮这位一代名相便活跃于三国这座历史舞台上，而其伟大的战略构想的形成，可以说同其隐居襄阳的经历有着密不可分的关系。

这座见证了我国众多历史的城池，到底是何年所建、几经维修呢？据东晋著名史学家习凿齿的《襄阳

■ 隆中对古遗址

习凿齿 字彦威，东晋著名文学家，史学家。世代为荆楚豪族，东汉襄阳侯习郁之后人。主要著作有《汉晋春秋》《襄阳耆旧记》《逸人高士传》《习凿齿集》等。

■ 襄阳古城墙上的
亭子及塑像

楚国 我国历史上
春秋战国时期南
方的一个诸侯
国。楚人是华夏
族南迁的一支,
最早兴起于汉江
流域的丹水和浙
水交汇的淅川一
带,国君是熊
氏。公元前223年
被秦国所灭。至
楚国灭亡后几百
年间,楚国这个
称谓被多个政权
与藩王沿袭保存
了下来。五代十
国时期的楚国史
称南楚或马楚。

记》记载,城本楚之下邑。

这就是说在春秋战国时,这里还只是楚国的一个小村庄,并没有修建城池。后来的史志记载,襄阳建城应始于汉,后历经维修、扩建。

现存的襄阳古城地处汉江南岸,与北岸的樊城隔江相望。其东、西、北三面环水,南面傍山,形势险要,自古易守难攻。

襄阳古城略呈方形,墙体土夯筑,外砌城砖。城墙高大,气势雄伟,堪称襄阳胜景。

襄阳城垣不仅以它的高大著称,而且四面建有六座城门,每座城门外又建有瓮城,襄阳人俗称月城,城门上建有城楼,使古城垣更显雄伟。

由于历代兵燹,城门与城楼屡坏屡修。据志书记载,明成化间都督王信重建南门城楼。弘始中,副史毛宪重建东门、西门与大、小北门，还有东长门诸城楼及各面角楼。

1576年，知府万振孙首次为六门题别称，他题东门为"阳春"，南门为"文昌"，西门为"西成"，大北门为"拱宸"，小北门为"临汉"，东长门为"震华"。

1641年，城楼被毁。其后御史袁继咸亲督标兵修复城垛如旧。都御史王永祚随之重建六门城楼。1648年，都御史赵兆麟檄副史苏宗贵重修西门城楼，知府冀如锡重建南门城楼，同知徐腾茂、张仲重建大北门、小北门城楼。

知县董上治接着重建东门城楼后，又为各城门再题别称，题东门为"保厘东郊"，南门五"化行南

王粲（177年～217年），字仲宣，东汉末年著名文学家，"建安七子"之一，由于其文才出众，被称为"七子之冠冕"。他以诗赋见长，《初征》《登楼赋》《槐赋》《七哀诗》等是他的代表作。王粲还撰有史书《汉末英雄记》。明代人辑录其作品，编就《王侍中文集》流传后世。

■ 襄阳的夫人城

■襄阳城内的建筑

国", 西门为"西土好音", 北门为"北门锁钥"。1826年, 知府周凯重修六门城楼。

1933年, 大北门城楼被飓风摧毁。1939年, 日本侵略者对襄阳二城狂轰滥炸。为便于群众疏散, 将西门南侧和南门西侧的城墙连同西门、南门月城及城楼拆除。后来长门城楼坍塌。目前襄阳城独存小北门城楼。新中国成立后经多次维修, 焕然一新、巍峨屹立。

此外, 城垣上还有三座古雅、庄严的城楼, 三楼是仲宣楼、魁星楼、狮子楼。仲宣楼又名王粲楼, 在东南城角上。雍正年间副史赵宏恩重建。1760年署知府胡翼重修。

仲宣即王粲, 东汉末文学家, 为"建安七子"之一。17岁时, 诏任黄门侍郎, 辞不就, 避难于荆州, 依从刘表。在襄阳时常同刘表登楼作赋, 后人以其名命楼名。

魁星楼也处在东南角城上, 仲宣楼西侧, 即状元峰, 南距文昌宫不远。由清顺治年间知府杜养性所建, 雍正年间知府尹会一重修, 乾隆年间再修。楼高3层，六角形，碧绿琉璃瓦面。

狮子楼在西南城角上。明洪武初建，绘狮子于楼内壁上，以示镇城，西南望虎头诸山，后改建3只石狮，各高丈许。1641年，都御史王永祚重建襄阳城六门时，也将狮子楼修葺。

襄阳城垣以它历史悠久、城高池深而著称，并以坚固而闻名。在历史上，它不仅是防御的有效堡垒，而且多次力敌洪水的侵袭。人们记忆最深的莫过于1935年的一次洪水，当时沿汉水两岸的城镇、村庄均被淹没，唯独襄阳城内未进水，主要是因为襄阳城防水性能良好的缘故。

人们常赞美襄阳城固若金汤，易守难攻。除了城南环山这天然的屏障外，护城河也为襄阳起到铜墙铁壁的作用。襄阳护城河比起北京、开封、洛阳等城的护城河都要宽，可以说，襄阳护城河是全国最宽护城河，有"华夏第一城池"之称。

阅读链接

在襄阳城西北角，有一段为了纪念韩夫人而筑建的夫人城，它来源于这样一个故事：378年，前秦王苻坚为灭东晋，独霸中原，命长子苻丕率领十几万大军，分四路围攻襄阳。

襄阳守将朱序认为，襄阳城易守难攻，前秦军队不善水战，不可能从汉水北岸的樊城渡江攻取襄阳，并不在意。朱序的母亲韩夫人，见儿子忙于全面防务，便亲自登城巡视，察看地形。她看出城西北角地形险要，必先受敌，便带领家婢和城中妇女，夜以继日筑起一座高6米、长60米的内城。

果不其然，苻丕率兵直扑襄阳城西北角，韩夫人新建的内城成为东晋军坚守的屏障，最终保住了襄阳城。后人为纪念韩夫人，将新修的这段城墙尊称为夫人城。

沧桑古城留下的文物古迹

萧统

襄阳古城是一座历史厚重的城，自东周至新中国成立前，上下3000多年，襄阳一直是群雄角逐的重要战场，战争的硝烟不断弥漫在它的上空。

如今，古城内尚存许多著名的文物古迹，这些古迹主要有新城湾、昭明台、王府绿影壁等，它们的存在为我国的历史研究提供了重要的实物资料。

其中，新城湾位于襄阳城东

■ 萧统（501年～531年），字德施，小字维摩，南朝梁代文学家，南兰陵（即江苏省常州）人，梁武帝萧衍长子。萧统英年早逝，死后谥号"昭明"，故后世又称"昭明太子"。主持编撰的《文选》又称《昭明文选》。

水镜庄

明镜高悬　襄水环绕

■ 襄阳城内的水镜庄牌坊

北角。明代以前，襄阳城为一正方形城池，但东北角偏离汉水，对设防不利。为了加强襄阳城东北的防御及控制水上通道，明朝政府在1382年加修此段城墙，所扩圈进来的部分称为新城湾。

在新城湾的东北是有名的长门，是古渡闸口之进出襄阳之门户。今汉江大桥东还保留着二道门洞。

昭明台位于襄阳古城正中，为纪念南朝梁昭明太子萧统而建。昭明台为襄樊标志性建筑。昭明台原名"文选楼"，唐代改称"山南东道楼"，旧有唐代书法家李阳冰篆书"山南东道"四字石刻。

明代更名为钟鼓楼，嘉靖时称镇南楼。清顺治重建后定名昭明台。建筑面南，青砖筑台，中有条石拱砌券洞。台上建三檐二层歇山顶楼房，东、西各建横房，台南有鼓楼、钟楼各一。昭明台雄踞城中，巍峨壮观，古誉为"城中第一胜迹"。

李阳冰　唐代文学家、书法家，字少温，李阳冰五世祖李善权为后魏谯郡太守，将家徙至谯郡，即安徽省亳州。于是，在安徽亳州一带有了赵郡李氏的后裔。历集贤院学士，晚为少监，人称李监。

抗日战争期间，襄阳沦陷，楼毁台存。建国后，又在原址得以重建。重建的昭明台是用现代建筑材料建造的，台基上按魏晋风格建3层楼阁，集购物，游览、文化娱乐于一体。

明藩王府位于襄阳城东南隅，运动路南侧，为正统元年襄宪王朱瞻墡自长沙徙襄时所建，据今500多年。在此王府的门前，有著名的影壁，名为绿影壁。1641年王府被毁，仅存绿影壁。

绿影壁由底座、壁身和顶盖三部分组成，壁身分为三堵，面北而立，底座为须弥座，满雕游龙，顶为庑殿式，飞檐脊吻，瓦面皆用石块雕成。壁身为大块绿色砂岩，深雕奔龙云水拼装而成。中堵为二巨龙戏珠于云水间。东、西两堵各浮雕一出水蛟龙，向中间飞腾，似有夺珠之势。

壁身用雕龙汉白玉条石嵌边，绿白相映，鲜明醒目。壁两侧浮雕海中琼岛仙山，全壁浑然一体。绿影壁设计之妙，雕刻之精，嵌镶之巧，堪称我国古代建筑和雕刻艺术之珍品。

除了以上古迹之外，在襄阳古城内，还有目前我国历史名城中规模最大的仿古街襄阳北街，街道内主要建筑物包括古城门楼、仿古建筑群、牌坊等。

这些建筑物与古襄阳城墙有机地融合为一体，形成了既有传统风貌又不失现代气息的街区文化。

阅读链接

据新城湾近年出土的文物证明，襄阳城的新城湾因靠近汉江码头，运输方便，土地开阔，这里是明代的冶炼作坊区。

1935年筑堤时挖出原料银锭250多千克。新中国成立后也出土了银锭、银制品，还有官府铜印等。

据说，在明清时，新城湾附近还有很多寺庙和书院，如白衣庵、净心庵、斗姥殿、千佛寺、鹿门书院等。